Marie Clesse

Niedliche Tierfamilien

Große & kleine Amigurumis häkeln

Bassermann

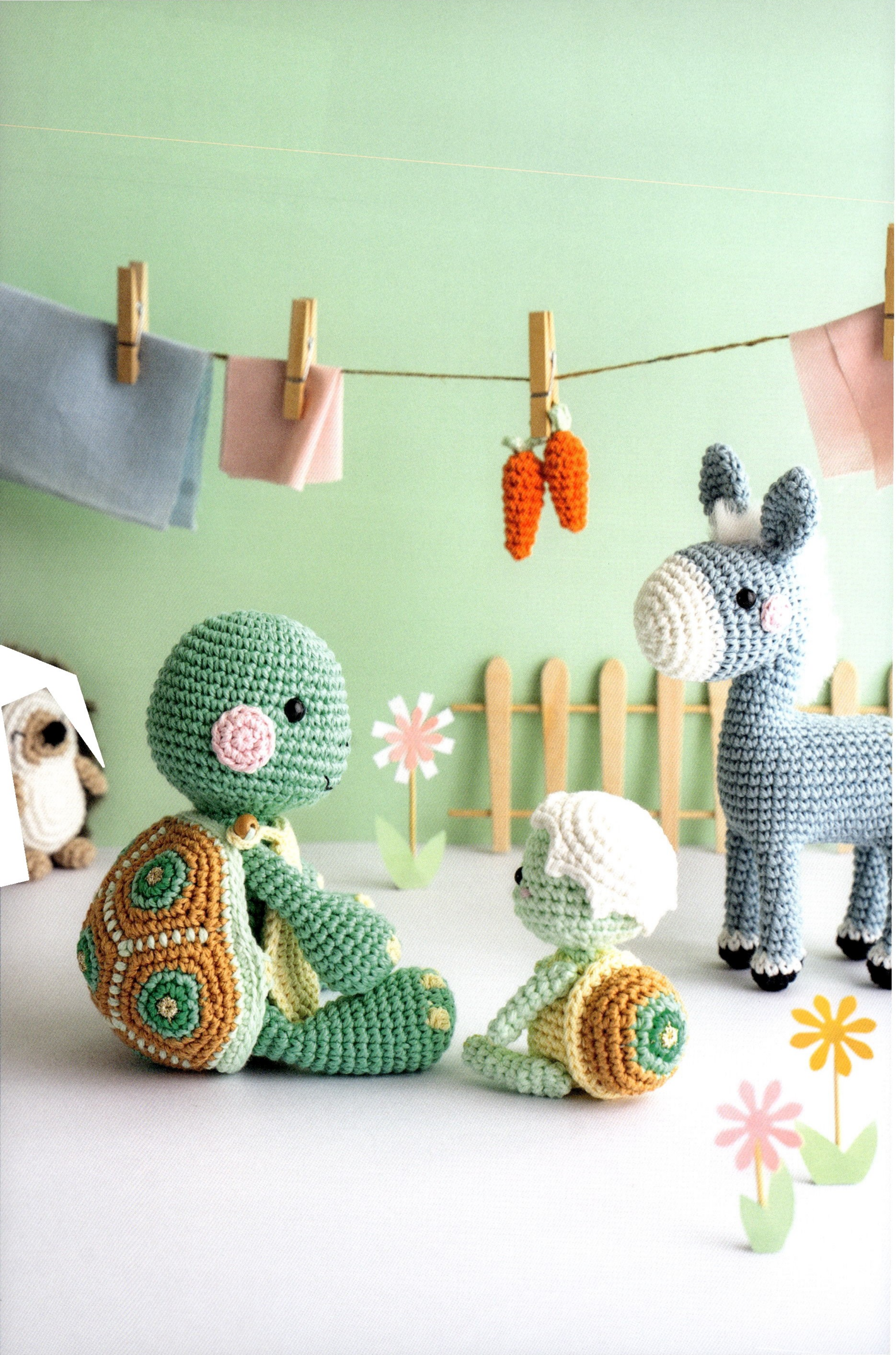

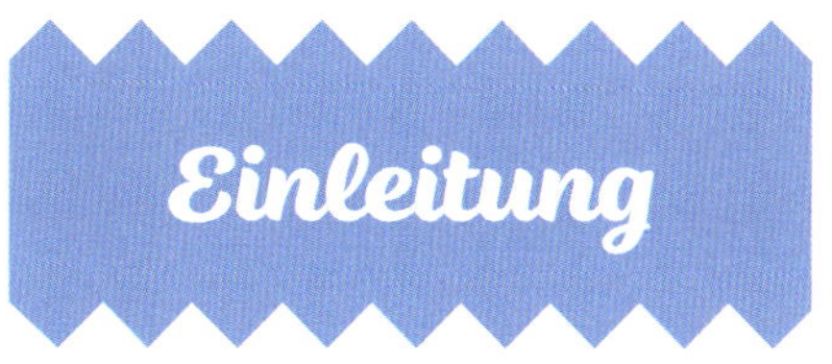

Einleitung

Ob Tiere, Früchte oder Zimmerpflanzen: Die von mir entwickelten Häkelmodelle sind häufig im Miniformat. Als meine Lektorin Estelle mir dann dieses neue Projekt vorschlug, war ich sofort davon begeistert. Nun musste ich aber große Tiere häkeln. Was für eine Herausforderung das für mich darstellte, hätte ich nicht erwartet, aber ich habe es geschafft. Und hier sind nun meine Tierfamilien für Sie zum Nachhäkeln!

Wenn ich ein Buch verfasse, ist es mir immer ein Anliegen, verschiedene Techniken vorzustellen. Ich möchte, dass Sie das Gefühl haben, auf jeder Seite etwas Neues zu entdecken und Anregungen zu finden. Ich habe mir daher sieben Tierpaare ausgedacht, die auf originelle Art und Weise realisiert werden. Wir spielen mit den unterschiedlichsten Formen und setzen sogar Fell- und Effektgarne ein.

Aber keine Sorge: Die Grundtechniken werden genau erklärt und mit Bildern veranschaulicht, und die Anleitungen zum Häkeln der Tiere sind detailliert. Sie haben also alles, was Sie benötigen, um diese Häkelprojekte erfolgreich zu meistern – auch die ambitionierteren – und werden stolz auf sich sein. Ich wünsche Ihnen viel Spaß und freue mich, wenn Sie die niedlichen Tierfamilien zum Leben erwecken!

Marie

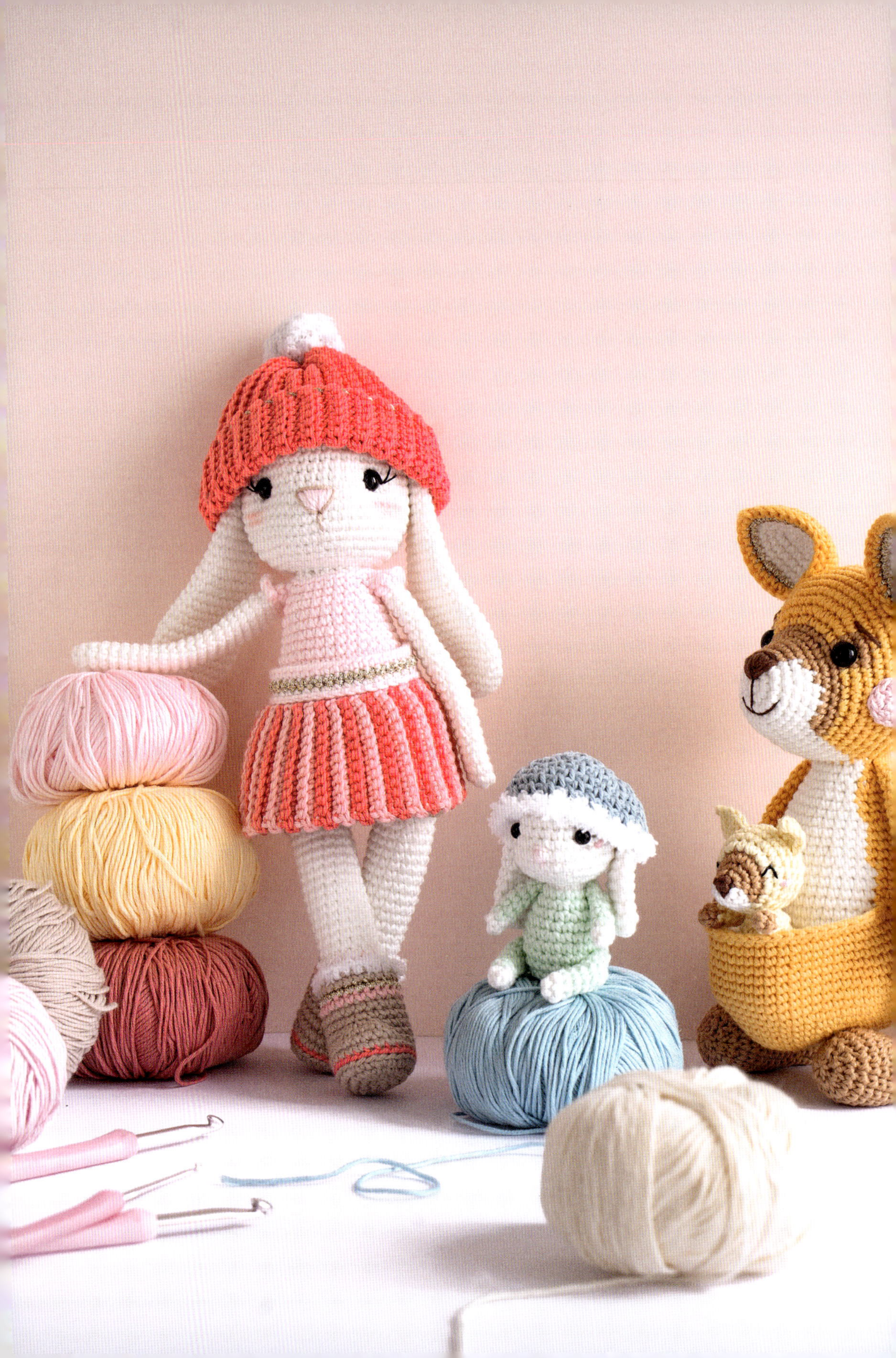

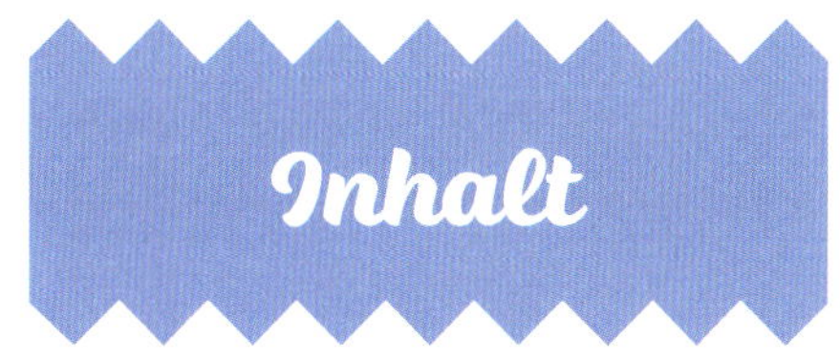

Inhalt

Die Projekte

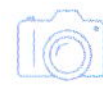

Dieses Icon verweist von den einzelnen Projekten auf die zugehörigen Abbildungen.

Die Eselfamilie

S. 30

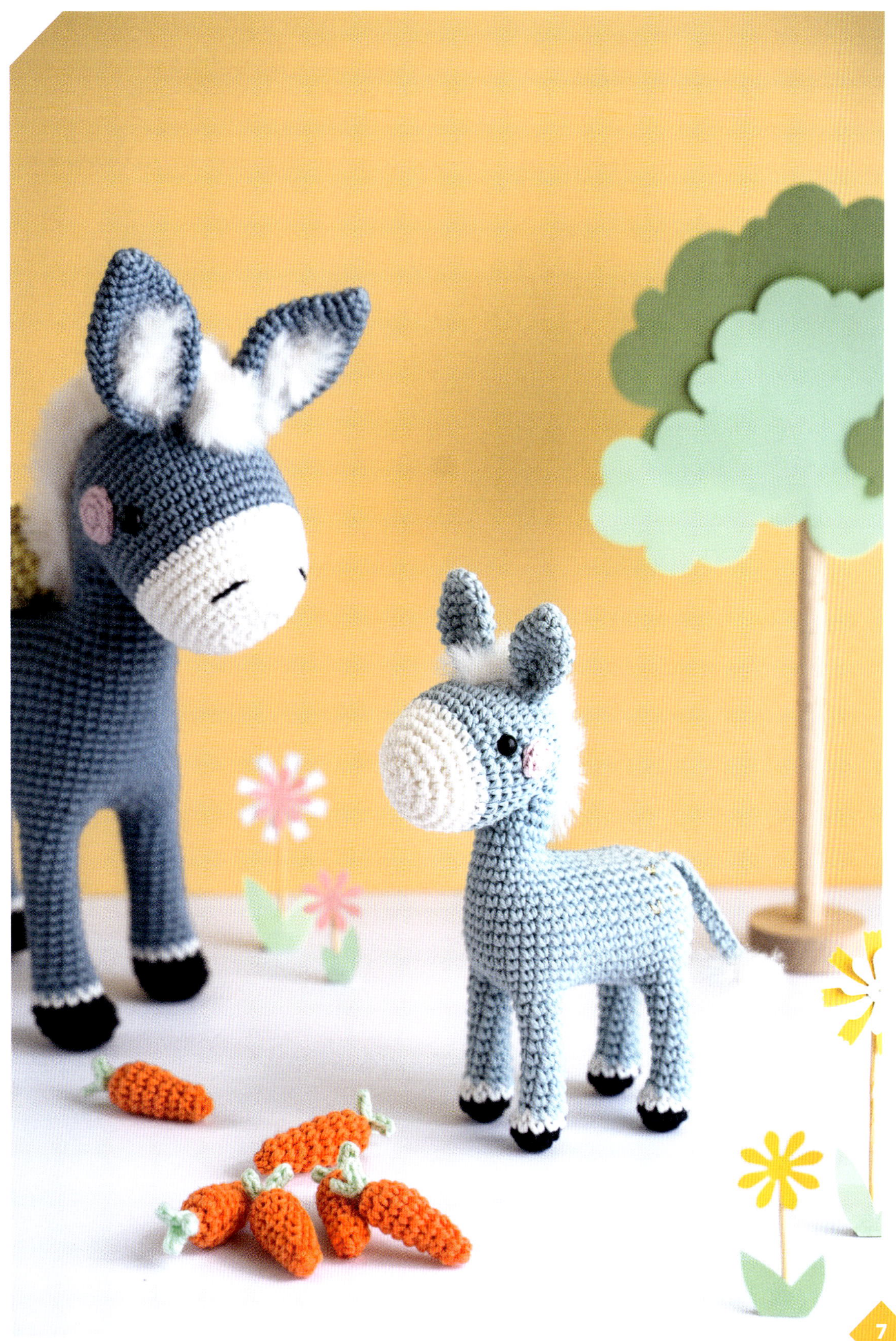

Die Igelfamilie

S. 40

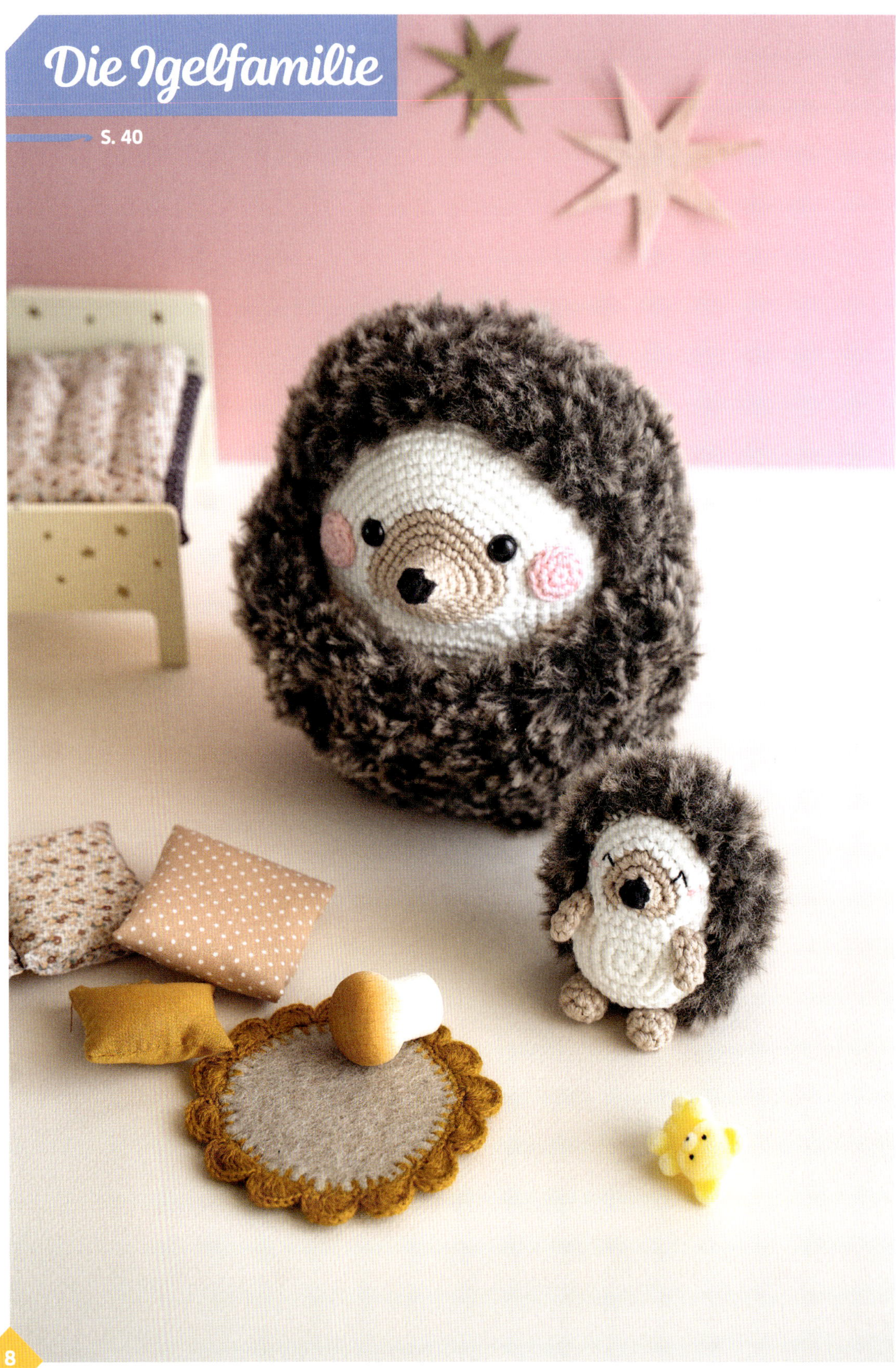

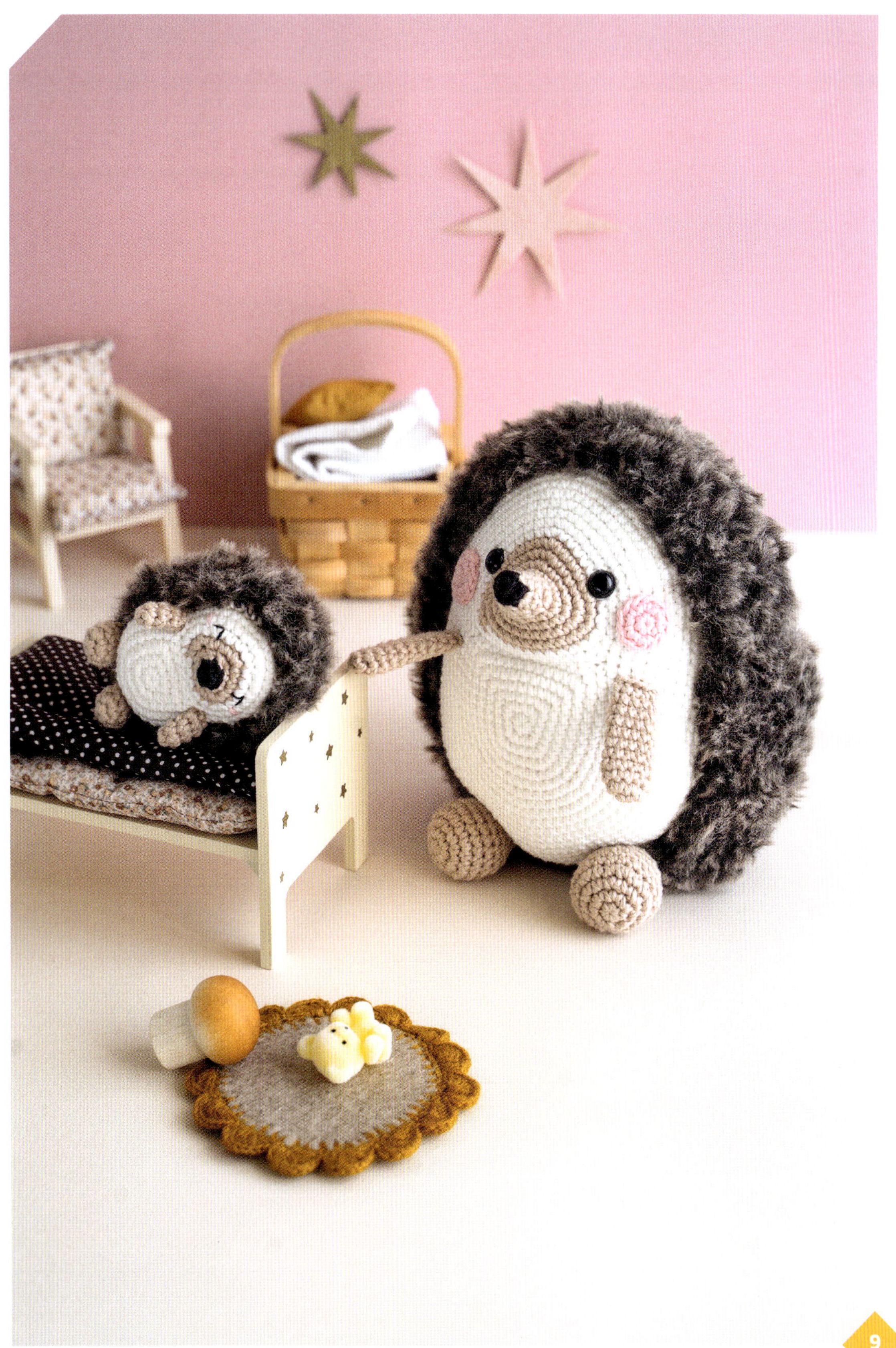

Die Kängurufamilie

S. 48

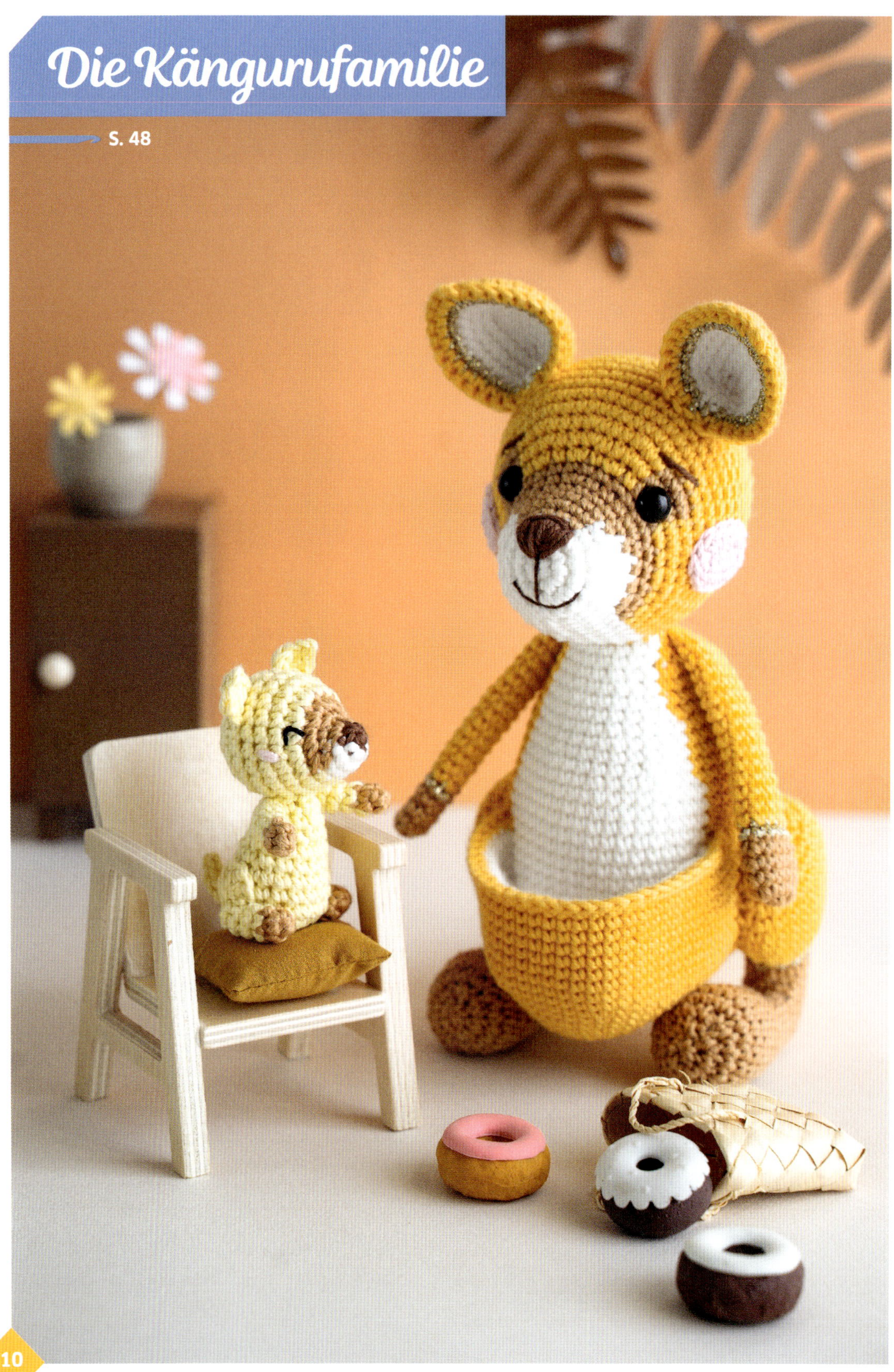

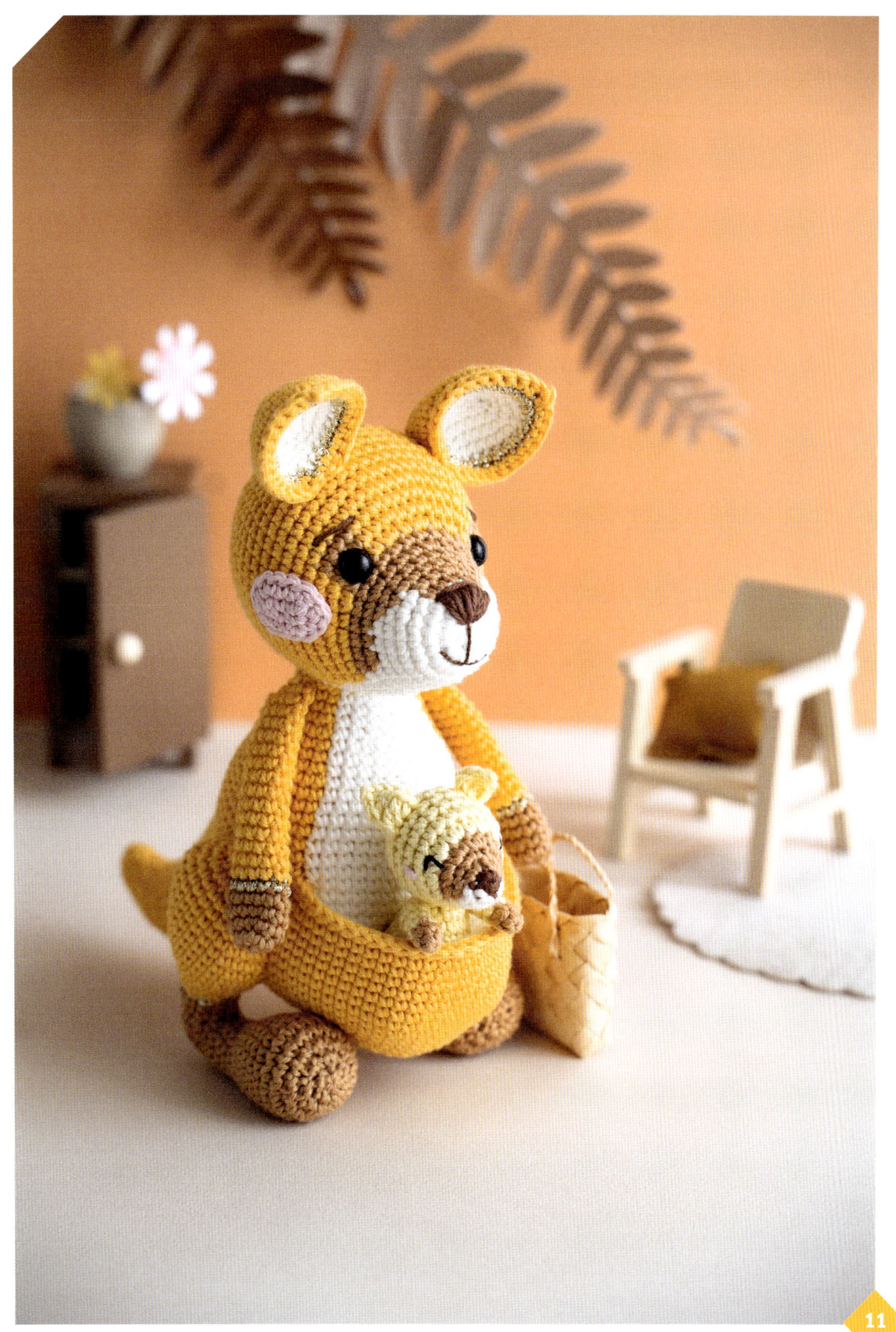

Die Hasenfamilie

S. 57

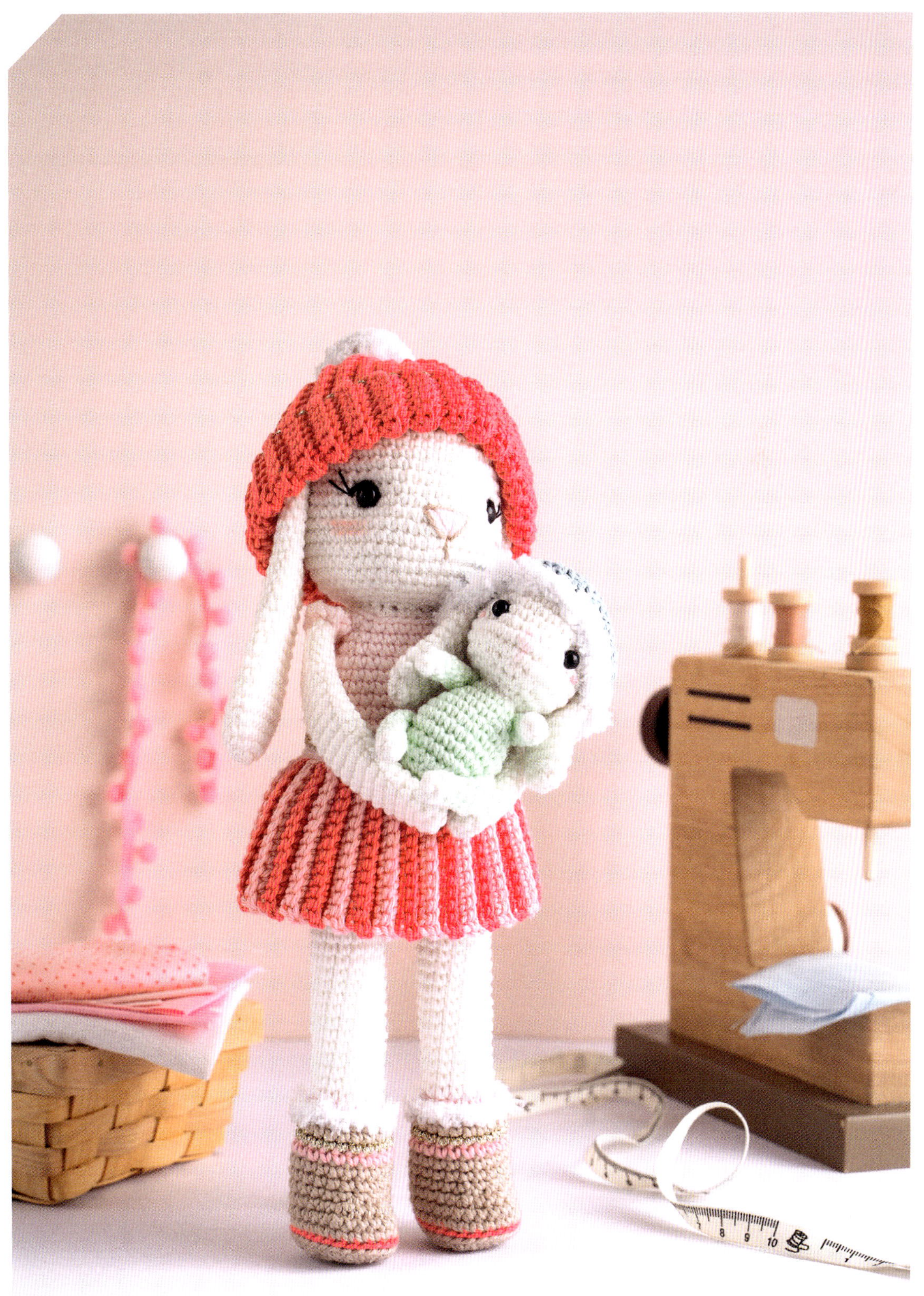

Die Lemurenfamilie

S. 66

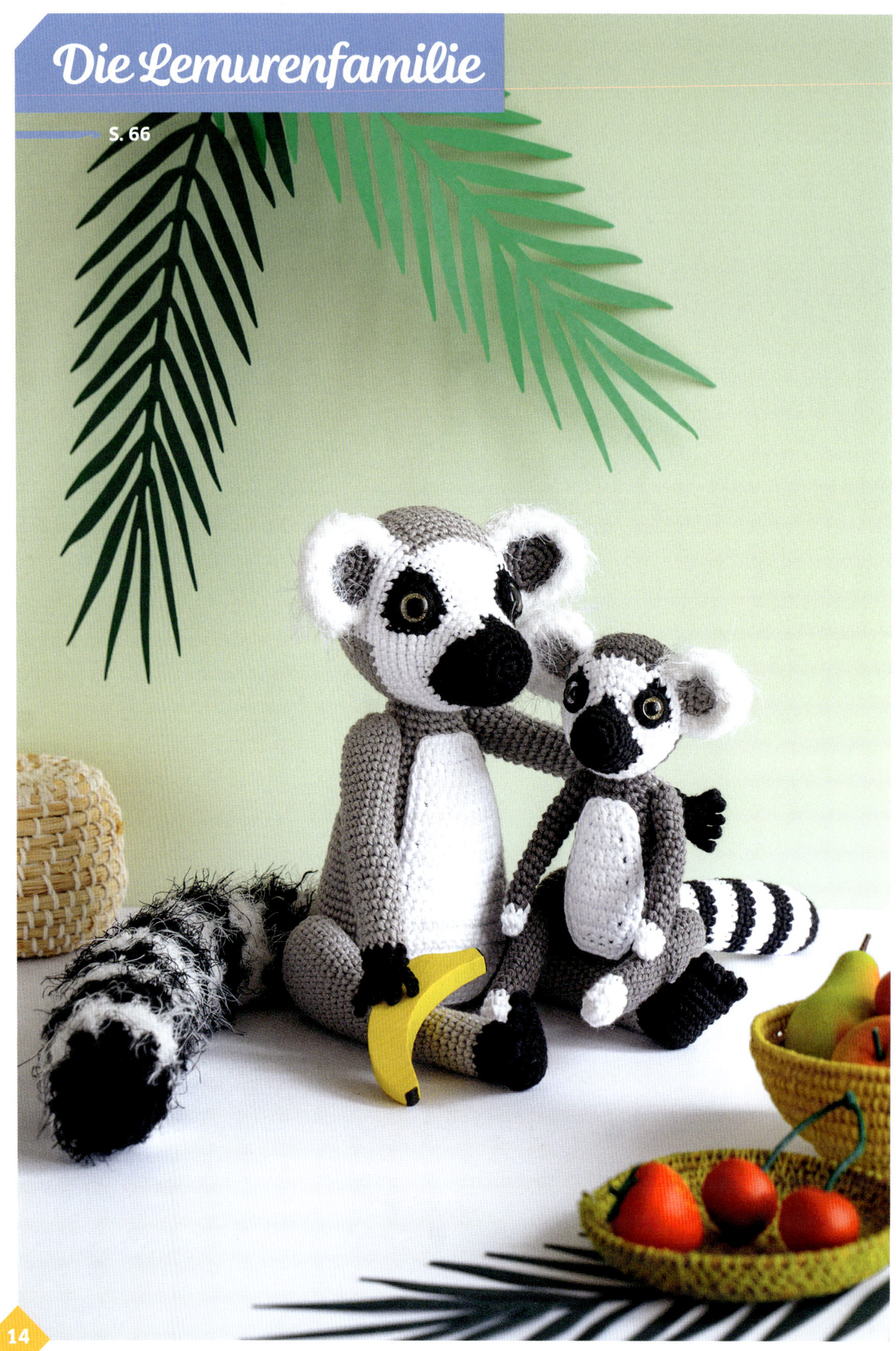

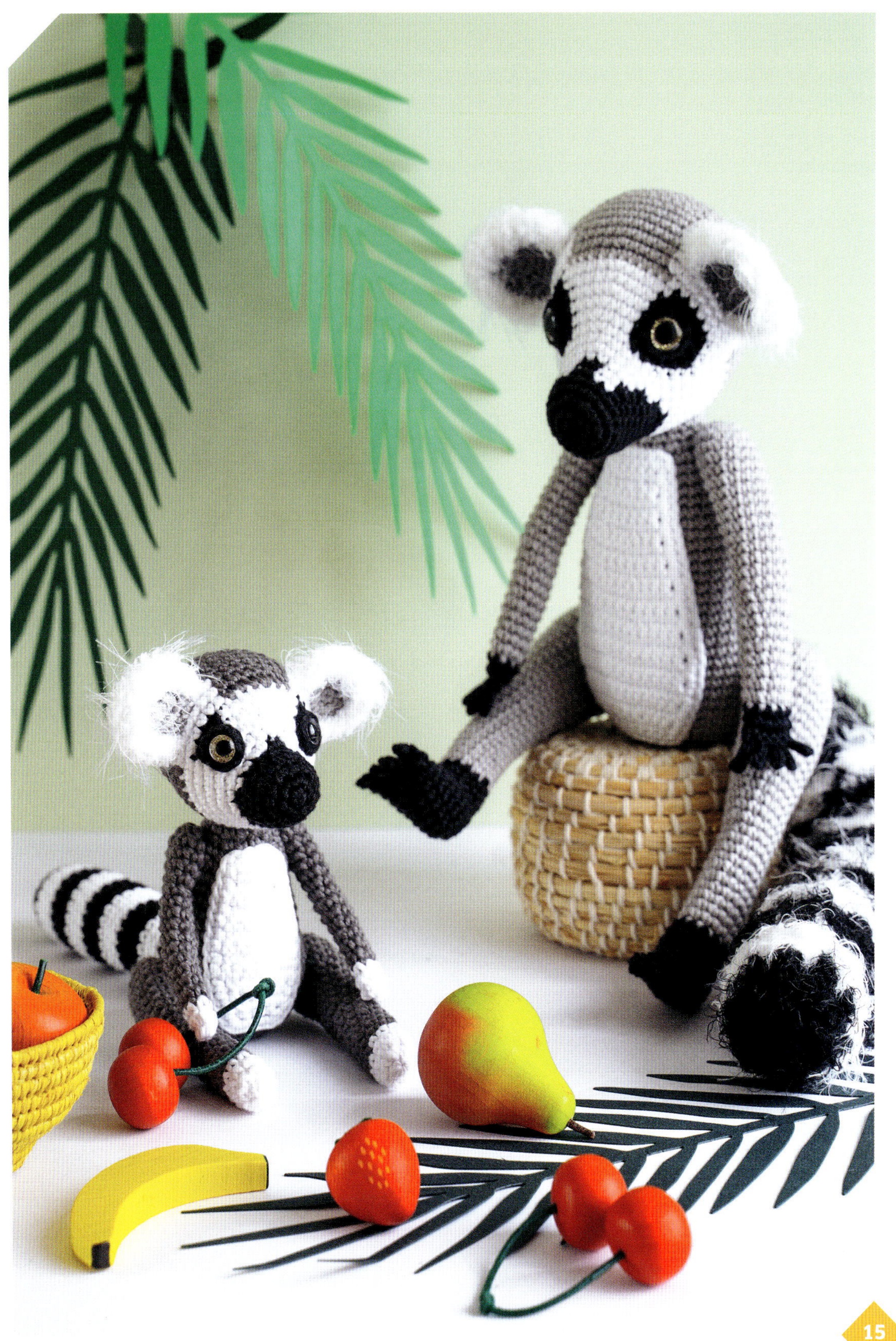

Die Pinguinfamilie

S. 77

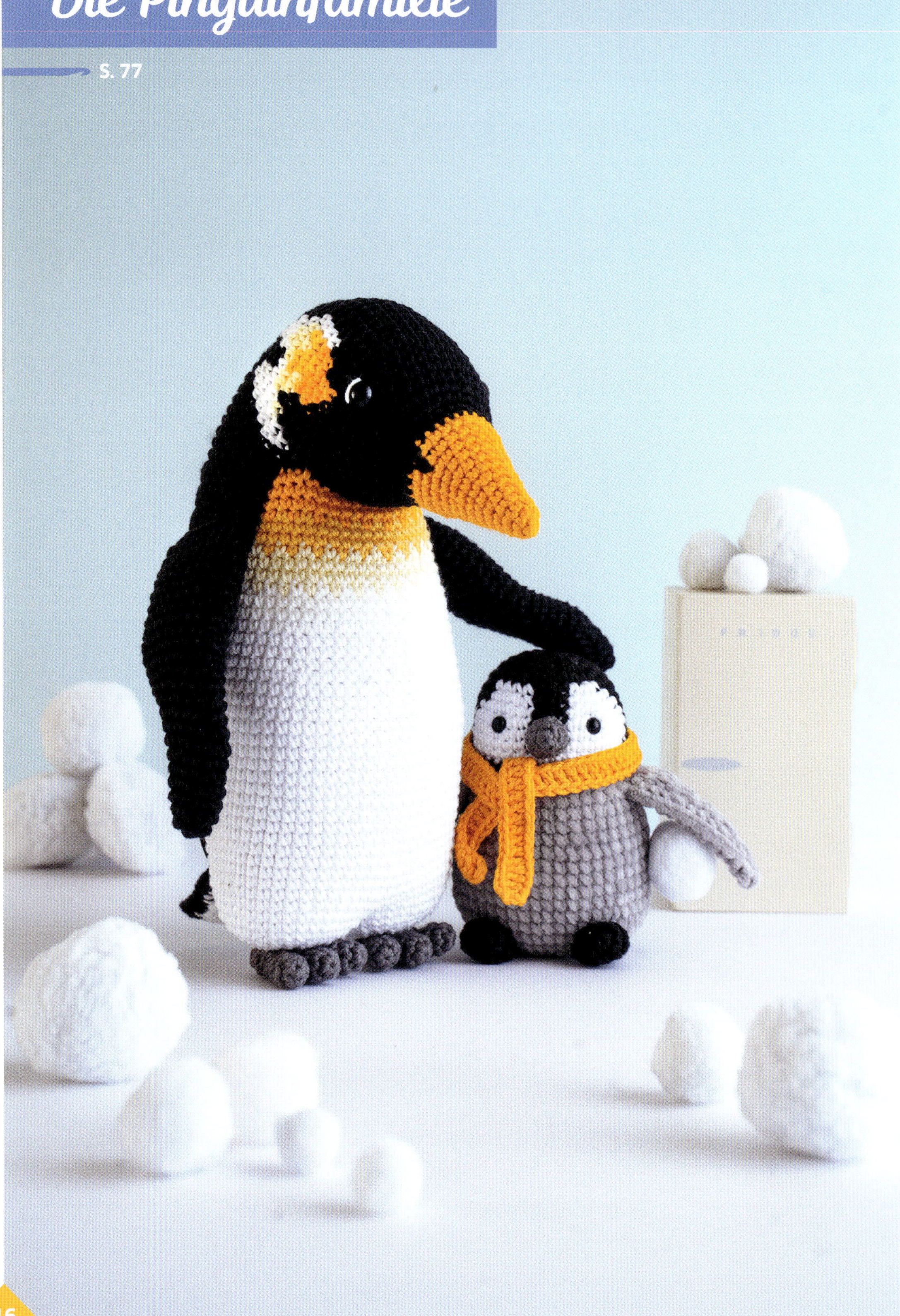

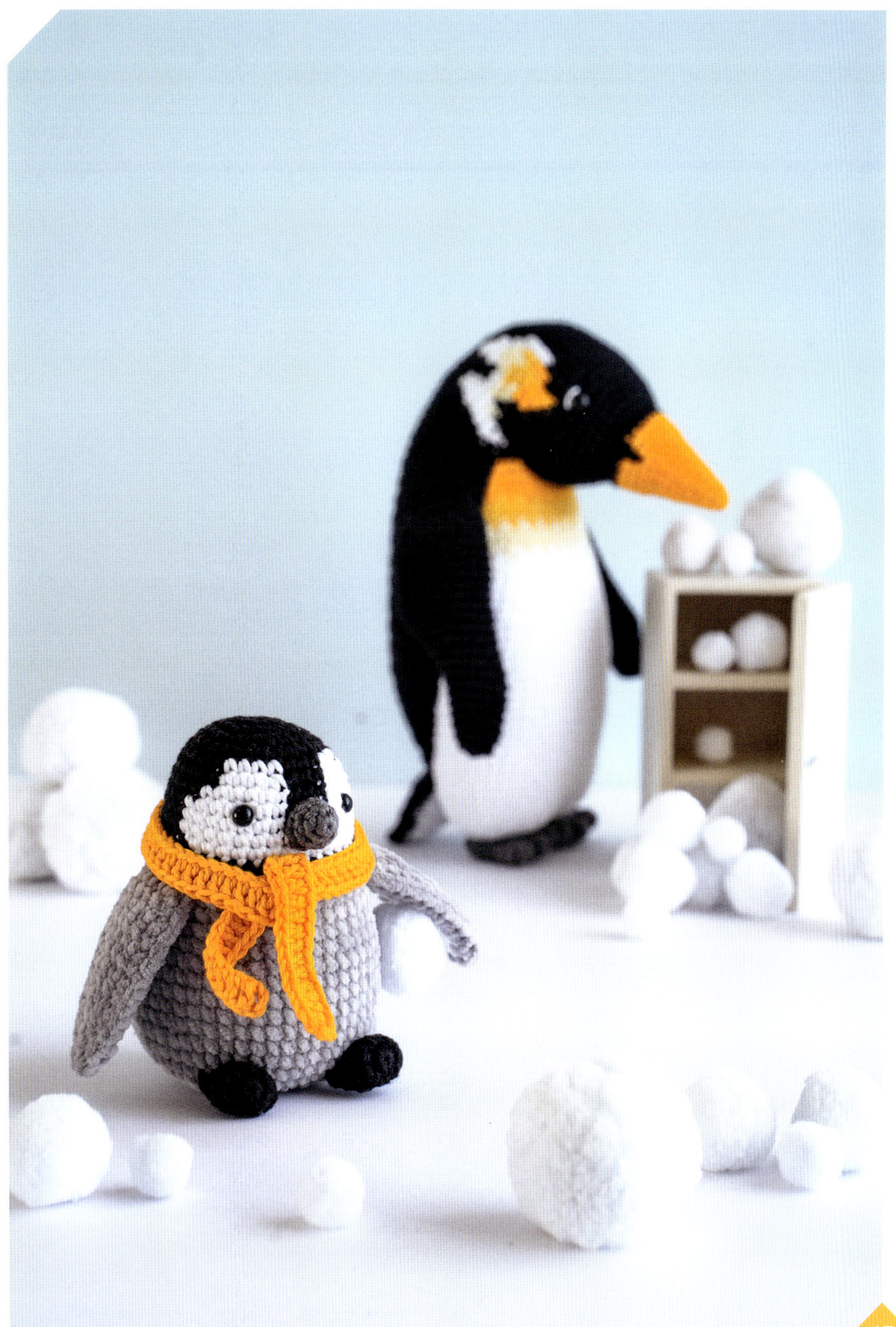

Die Schildkrötenfamilie

S. 86

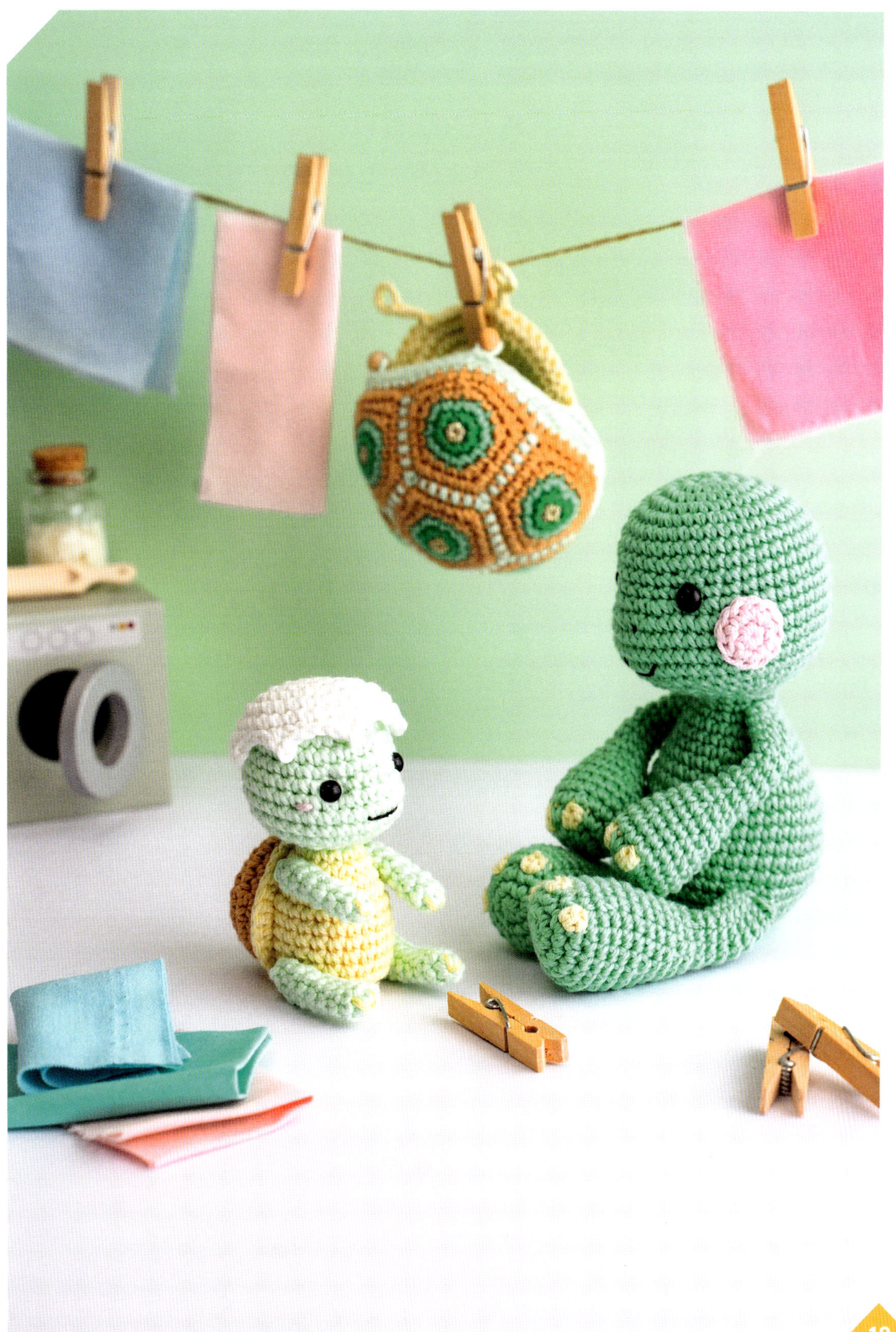

Material

DIE VERWENDETEN GARNE

Die Tiere in diesem Buch wurden hauptsächlich mit der Garnreihe Happy Cotton Special Amigurumi von DCM gehäkelt – meinem Lieblingsgarn für Amigurumi. Es ist in vielen Farben verfügbar. In Deutschland sind diese Garne in Fachgeschäften für Handarbeitswaren und Bastelarbeiten erhältlich oder online. Der Shop von DCM findet sich in deutscher Sprache unter www.dcm.com.

Bei jedem Projekt habe ich die verwendeten Garnfarben und -mengen angegeben. Welches Garn Sie wählen, steht Ihnen natürlich frei. Achten Sie aber darauf, dass das Garn Ihrer Wahl dem Originalgarn hinsichtlich der Lauflänge und der angegebenen Nadelstärke möglichst genau entspricht, wenn die Tiere am Ende die angegebene Größe haben sollen. Falls Sie sich für ein anderes Garn entscheiden, denken Sie daran, dass die verwendete Häkelnadel immer eine Größe kleiner sein sollte als auf dem Knäuel angegeben. Dadurch wird verhindert, dass das Gewebe zu locker wird und die Füllung durchscheint.

Wer gerade erst mit dem Häkeln anfängt, sollte auf gezwirntes Garn zurückgreifen. Garn, das sich beim Häkeln auftrennt, kann für Anfänger – aber auch bei Häkelprofis – frustrierend sein. Die Arbeit mit einem hochwertigen Garn ist immer angeraten, denn erst dadurch wird Häkeln zu einem angenehmen Zeitvertreib.

Gerne dürfen Sie manche der Vorlagen mit einem dickeren Wollgarn häkeln, beispielsweise dem Natura Just Cotton Medium – nicht XL! – von DCM. Nutzen Sie hierzu eine Häkelnadel der Größe 3,00 oder 3,50 mm – je nach gewünschter Elastizität. So werden Ihre Kreationen groß genug, um als Kuscheltiere in allen Situationen Trost zu spenden!

In diesem Buch kommen auch verschiedene Effektgaren zum Einsatz:

- DMC Mellow Irresistibly Soft Fur und DMC Samara Lux Fur Effect sind sehr weiche Fellgarne von DCM, die sich angenehm verarbeiten lassen.
- Happy Chenille von DCM ist ein sehr weiches Garn, das leicht in der Handhabung ist.
- Baby Smile Lenja Soft von Schachenmayr ist ein Garn mit Plüscheffekt. Es kann, wenn es mit doppeltem Faden gehäkelt wird, als Ersatz für DMC Mellow verwendet werden.
- Lumina Metallic ist ein Garn mit Lurexeffekt.

Setzen Sie nach Lust und Laune Fellgarne ein! Da diese schwieriger als andere Garne zu verarbeiten sind, haben viele Hemmungen, mit ihnen zu häkeln. Daher gebe ich Ihnen im Kapitel „Die Igelfamilie" (S. 42) Tipps mit auf den Weg.

HÄKELNADELN

Für die Tiere in diesem Buch habe ich hauptsächlich eine Häkelnadel der Stärke 2,50 mm verwendet. Die Größe ist ideal für die Verarbeitung von DMC Happy Cotton. Das Gewebe wird elastisch und dicht, und die Tiere können leicht ausgestopft werden. Für die Eselfamilie habe ich jedoch eine 2,25-mm-Häkelnadel verwendet. Die gehäkelten Teile werden steifer und die Tiere bleiben dadurch besser aufrecht stehen. Außerdem entsteht ein Gewebe, das so dicht ist, dass die Tiere auch für Babys und Kleinkinder geeignet sind.

Das bei der Igelfamilie verwendete Fellgarn DMC Samara Fur Effect und DMC Mellow Irresistibly Soft Fur, das bei den Lemuren zum Einsatz kommt, werden mit einer Häkelnadel der Stärke 10,00 mm gehäkelt.

Ich lege Ihnen an dieser Stelle ans Herz, in qualitativ besonders hochwertige Häkelnadeln zu investieren. Ich nutze am liebsten Häkelnadeln mit ergonomisch geformten Griffen, obwohl ich diese streng genommen nicht so halte, wie es normalerweise empfohlen wird, sondern eher wie ein Messer. Manche bevorzugen auch einfache Häkelnadeln aus Stahl oder Aluminium. Eine gute Häkelnadel muss leicht durch die Maschen gleiten und ihre Spitze darf nicht im Faden hängenbleiben, damit dieser nicht aus Versehen beschädigt wird. Testen Sie ein Modell Ihrer Wahl, bevor Sie ein ganzes Set Häkelnadeln kaufen.

FÜLLMATERIAL

Ich verwende Polyesterfüllung, die ich online in 300-, 500- oder 1000-g-Beuteln kaufe. Sie können jedoch auch in Handarbeits- und Stoffgeschäften fündig werden oder einfach eine Kissenfüllung verwenden. Ich mag insbesondere Füllmaterial in Flockenform, da es sich gleichmäßig verteilen lässt. Wie viel Füllung Sie für ein bestimmtes Modell benötigen, hängt davon ab, wie steif oder beweglich Ihr Plüschtier werden soll. Da die Modelle jedoch recht groß sind, sollten Sie mindestens 500 g pro Tier einplanen.

Damit Ihr Werk eine schöne Form bekommt, sollte es fest, aber nicht zu fest ausgestopft werden, sonst wird das Gewebe zu sehr gedehnt und sieht dann löchrig aus. Wenn das Füllmaterial durchscheint, ist das nicht nur unschön, sondern es besteht dann auch ein Risiko für Kinder.

Tipp: Nach dem Ausstopfen lasse ich ein Häkelteil immer ein paar Stunden liegen, bevor ich es an ein anderes nähe. Ich erkenne dann besser, ob an manchen Stellen Füllung fehlt, und kann Korrekturen vornehmen.

SICHERHEITSAUGEN

Bei jedem Projekt wird die verwendete Größe angegeben, die zwischen 6 und 12 mm liegt. Sicherheitsaugen aus Kunststoff sitzen auf einem geriffelten Stift, der durch das Gewebe geschoben und mithilfe einer Steckröse fixiert wird. Einmal befestigt kann das Auge nicht mehr entfernt werden. Die kleinen Größen sind manchmal schwer zu finden. Sollten sie nicht im Geschäft erhältlich sein, werden Sie jedoch mit Sicherheit im Internet fündig. Alternativ können Sie auch schwarze Perlknöpfe annähen. Wenn das Amigurumi für ein Kind unter 3 Jahren vorgesehen ist, empfiehlt es sich, die Augen mit schwarzem Garn aufzusticken.

WEITERES MATERIAL

- Stickgarn: Ich verwende das Perlgarn Coton Perlé, Größe 5/M von DCM.
- Eine Nähnadel und eine kleinere Nadel für das Perlgarn.
- Stecknadeln, um die einzelnen Teile beim Annähen zusammenzuheften.
- Maschenmarkierer: Sollten Sie keinen zur Hand haben, können Sie auf eine Sicherheitsnadel, eine Büroklammer oder ein kurzes Stück Garn zurückgreifen, das durch die zu markierende Masche gefädelt wird.
- Schere
- Eine lange, stumpfe Pinzette: Sie eignet sich hervorragend zum Ausstopfen kleiner Häkelteile und zum Hinzufügen von Füllmaterial an schwer zugänglichen Stellen. Mit einer Pinzette können auch Fäden durch mehrere Schichten Garn und durch Füllung gezogen werden.
- Pfeifenreiniger: Ich nutze sie zum Verstärken der Beine des Kängurus, da diese sonst leicht einknicken. Sie können auch verwendet werden, um die Gliedmaßen der Schildkröten- und Kaninchenbabys oder anderer Häkeltiere beweglicher zu machen. Denken Sie jedoch stets daran, die Enden einzudrehen, damit sich niemand verletzen kann.
- 8 mm große Perlen für die Schildkröte.
- Rouge für die Wangen der Hasenmutter.
- Ein kurzes Stück Feinstrumpf oder Strumpfhose, um die Füllung des Lemurenschwanzes zu sichern. Kaufen Sie hierfür preisgünstige transparente Strümpfe oder nutzen Sie eine alte Strumpfhose mit Laufmasche.
- Gelenksets für Amigurumi (2-mal 30 mm, 4-mal 20-mm und 2-mal 12-mm) für die Lemurenfamilie).

Techniken

GRUNDMASCHEN

Die Luftmasche und die Luftmaschenkette

1. Eine Schlaufe bilden. Den Faden um die Häkelnadel wickeln, dann mithilfe der Häkelnadelspitze den Faden holen und durch die Schlaufe ziehen. Diese Schlaufe bildet den Ausgangspunkt, sie wird jedoch nie als Masche gezählt.

2. Um eine Luftmasche zu häkeln, einen Umschlag machen und durch die Schlaufe auf der Häkelnadel ziehen. Einen Umschlag zu machen bedeutet, den Faden über die Häkelnadel wie gezeigt nach vorne zu holen.

3. Den zweiten Schritt wiederholen, bis die gewünschte Maschenzahl erreicht ist. Die Schlaufe auf der Häkelnadel wird nicht als Masche mitgezählt.

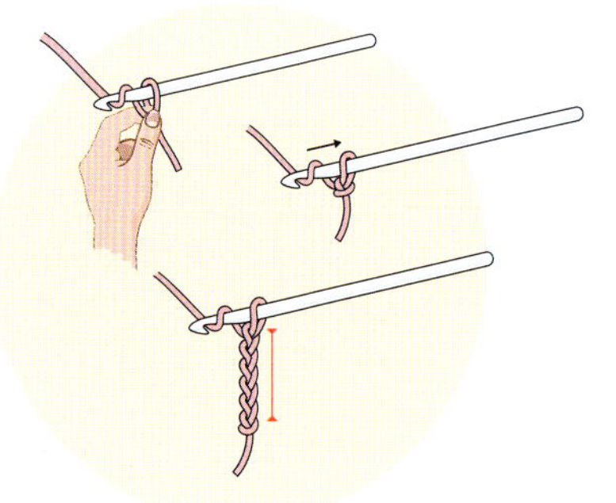

Die Kettmasche

1. Die Häkelnadel in die nächste Masche einstechen.

2. Einen Umschlag machen und den Faden durch diese Masche und die Schlaufe auf der Häkelnadel ziehen. Es verbleibt eine Schlaufe auf der Häkelnadel.

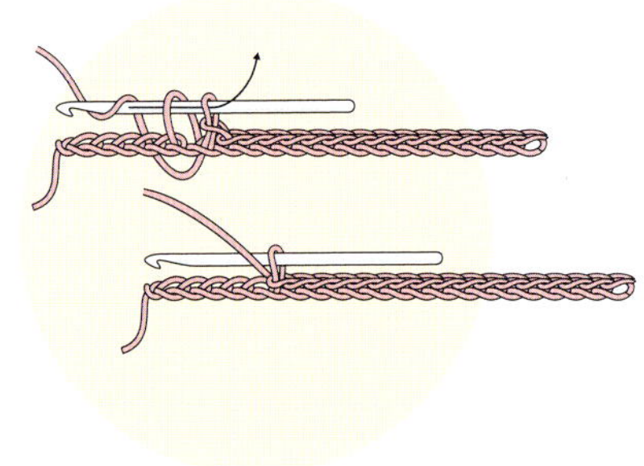

Feste Maschen

1. Die Häkelnadel in die nächste Masche einstechen.

2. Einen Umschlag machen und den Faden durch diese Masche ziehen. Es verbleiben zwei Schlaufen auf der Häkelnadel.

3. Einen weiteren Umschlag machen und den Faden durch die beiden Schlaufen ziehen. Es verbleibt eine Schlaufe auf der Häkelnadel.

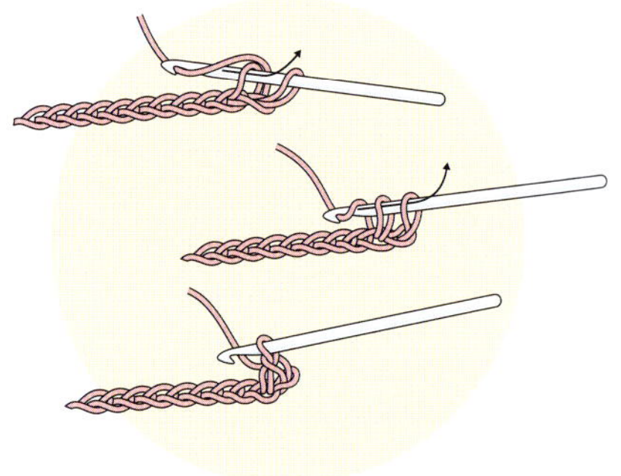

Halbe Stäbchen

1. Einen Umschlag machen und die Häkelnadel in die nächste Masche einstechen.

2. Einen weiteren Umschlag machen und den Faden durch diese Masche ziehen. Es verbleiben drei Schlaufen auf der Häkelnadel.

3. Einen letzten Umschlag machen und den Faden durch die drei Schlaufen ziehen. Es verbleibt eine Schlaufe auf der Häkelnadel.

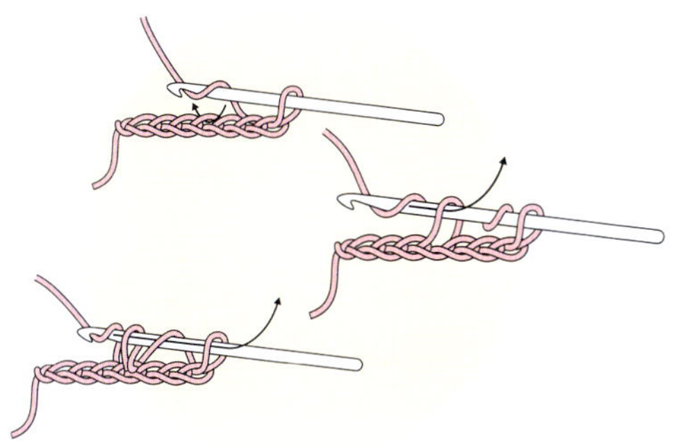

Stäbchen

1. Einen Umschlag machen und die Häkelnadel in die nächste Masche einstechen.

2. Einen weiteren Umschlag machen und den Faden durch eine Schlaufe ziehen. Es verbleiben drei Schlaufen auf der Häkelnadel.

3. Einen dritten Umschlag machen und den Faden durch zwei Schlaufen ziehen. Es verbleiben zwei Schlaufen auf der Häkelnadel.

4. Einen letzten Umschlag machen und den Faden durch die zwei Schlaufen ziehen. Es verbleibt eine Schlaufe auf der Häkelnadel.

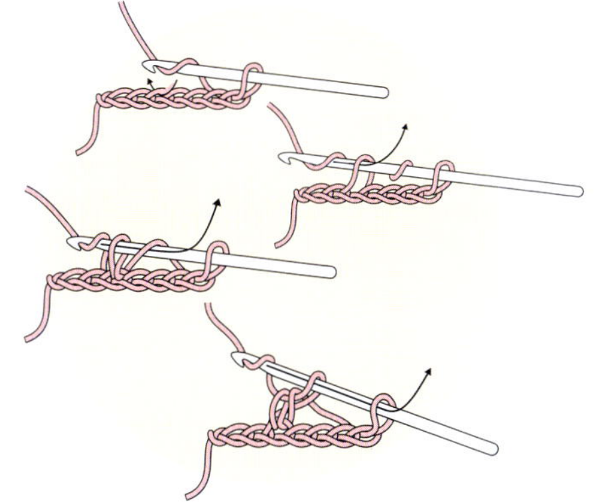

DIE HÄKELNADEL RICHTIG EINSTECHEN

Wenn nichts anderes angegeben ist, wird die Häkelnadel immer von vorne nach hinten in das Maschenglied eingestochen.

In die Luftmaschenkette einstechen

Die Häkelnadel in die oberen Maschenglieder der Luftmaschenkette einstechen. Beim Häkeln in Reihen wird die Arbeit am Ende der Luftmaschenkette gewendet. Bei Runden wird um die Luftmaschenkette herum weitergehäkelt, um eine ovale Form zu erhalten. In diesem Fall wird in die unteren Maschenglieder der Luftmaschenkette gestochen.

In gehäkelte Maschen einstechen

Eine Häkelmasche besitzt immer – und zwar bei allen Maschentypen – zwei kleine Maschenglieder auf der Oberseite, die ein liegendes V bilden. Wenn nicht anders angegeben, wird die Häkelnadel immer unterhalb dieser beide Maschenglieder eingestochen.

In das vordere Maschenglied einstechen

Die Häkelnadel wird in diesem Fall von unten durch den vorderen Faden des liegenden Vs eingestochen.

In das hintere Maschenglied einstechen

Die Häkelnadel wird in diesem Fall von oben durch den hinteren Faden des liegenden Vs eingestochen.

IN REIHEN HÄKELN

Beim Häkeln in Reihen wird immer mit einer Luftmaschenkette begonnen oder an einer bereits bestehenden Reihe oder Runde weitergehäkelt. Es wird von rechts nach links gehäkelt und die Arbeit am Ende jeder Reihe durch eine Drehung im Uhrzeigersinn gewendet. Die letzte gehäkelte Masche wird somit zur ersten Masche der nächsten Reihe. Beim Häkeln in Reihen werden am Anfang jeder neuen Reihe Wendeluftmaschen gehäkelt. Ob nur eine oder mehrere Wendeluftmaschen gehäkelt werden, hängt von der verwendeten Maschenart und der Höhe der Reihe ab. Die Anzahl der benötigten Wendeluftmaschen wird in den Anleitungen genannt.

IN RUNDEN HÄKELN

Das Häkeln in Spiralrunden ist die am meisten verbreitete Technik bei der Herstellung von Amigurumis. Hierbei wird durchgängig weitergehäkelt. Die Arbeit wird also nicht gewendet und die Runden werden nicht mit Kettmaschen geschlossen. Beim Häkeln in geschlossenen Runden werden die Runden mit Kettmaschen geschlossen.

Das Häkeln in Runden beginnt meist mit einem sogenannten Fadenring, oder, wenn eine ovale Form erreicht werden soll, mit einer kurzen Luftmaschenkette. Danach wird spiralförmig weitergehäkelt oder in geschlossenen Runden weitergehäkelt.

Bei Fellgarn ist es schwierig oder sogar ganz unmöglich, einen Fadenring zusammenzuziehen. In diesem Fall wird das Rundhäkeln mit einer Schlaufe und einer Luftmaschenkette aus zwei Luftmaschen begonnen. Danach wird in der ersten Runde die benötigte Anzahl an festen Maschen in die Masche der Luftmaschenkette gehäkelt, die am weitesten von der Häkelnadel entfernt liegt. Die erste Luftmasche dient also als Ausgangsring.

Der Fadenring

Mit dieser Technik ist es möglich, die erste Runde zu häkeln und sie dann so fest zusammenzuziehen, dass kein Loch mehr in der Mitte der Arbeit zu sehen ist. Dafür das Fadenende zwischen dem Daumen und dem Zeigefinger der linken Hand halten. Den Faden einmal um den Zeigefinger wickeln. Den Teil des Fadens, der zum Knäuel führt, mit Mittel- und Ringfinger halten. Die Häkelnadel zwischen dem Faden und der Oberseite des Fingers unter der Schlaufe hindurchführen, den Faden, der zum Knäuel führt, aufnehmen und durchziehen. Dann eine Luftmasche häkeln und schon ist der Fadenring fertig.

Nun wird die in der Anleitung vorgegebene Maschenzahl in den Fadenring gehäkelt. Zum Schluss wird der Ring durch Ziehen am Fadenende geschlossen. Häkeln Sie diesen Faden, wenn möglich, in der zweiten Runde in die Maschen ein, um ihn zu sichern.

Spiralrunden häkeln

Bei Spiralrunden wird durchgängig weitergehäkelt, ohne dass die Runden mit einer Kettmasche geschlossen werden. Am Ende einer Runde wird einfach in die nächste Masche gehäkelt. Diese ist die erste Masche der vorherigen Runde.

Beim Häkeln von Spiralrunden ist es wichtig, einen Maschenmarkierer zu verwenden, um den Überblick über die Zahl der gehäkelten Runden zu behalten. Setzen Sie den Maschenmarkierer immer auf die erste Masche jeder Runde. Wenn Sie bei der letzten Masche einer Runde angekommen sind, entfernen Sie den Markierer. Dann häkeln Sie die erste Masche der neuen Runde und bringen den Maschenmarkieren an dieser wieder an.

Geschlossene Runden häkeln

Bei dieser Technik wird jede Runde abgeschlossen, bevor eine neue begonnen wird. Nach dem Häkeln der letzten Masche einer Runde wird eine Kettmasche in die erste Masche der Runde gehäkelt. Diese Masche schließt die Runde ab und wird nicht mitgezählt.

Um eine neue Runde zu beginnen, machen Sie zuerst die Anzahl von Luftmaschen, die der Höhe der Maschenart entspricht, die Sie in der kommenden Runde häkeln wollen, zum Beispiel eine Luftmasche für feste Maschen. Diese Luftmaschen werden ebenfalls nicht mitgezählt. Dann häkeln Sie die erste Masche der neuen Runde in die erste Masche der Vorrunde. Diese ist dieselbe Masche, in die Sie gerade die

Kettmasche gehäkelt haben. Bei dieser Technik ist es im Vergleich zum Häkeln in Spiralrunden zwar einfacher, den Überblick über die Anzahl der Runden zu behalten, es ist aber trotzdem sinnvoll, auch in diesem Fall einen Maschenmarkierer zu verwenden.

Oft werde ich gefragt, warum ich manche Teile meiner Modelle in geschlossenen Runden häkele, obwohl bei Amigurumis eigentlich Spiralrunden üblich sind. Ich meine, dass das Häkeln in Kreisrunden durchaus Vorteile hat. So werden zum Beispiel beim Häkeln von Streifen die Übergänge sauberer als bei Spiralrunden. Manche Tiere stehen dank dieser Technik gerader. Wenn Ihnen das Häkeln in geschlossenen Runden jedoch nicht liegt, können Sie problemlos in Spiralen arbeiten.

Tipp: Durch die Kettmaschen, die jede Runde abschließen, kann es zu einer unschönen Linie komme. Indem die Kettmasche so fest wie möglich zusammengezogen wird, lässt sich dies aber verhindern.

ZUNAHMEN

Bei einer Zunahme werden zwei Maschen in dieselbe Masche der vorherigen Runde oder Reihe gehäkelt. Amigurumis und andere Häkelobjekte werden hauptsächlich mit festen Maschen angefertigt.

Der Begriff „Zunahme" oder abgekürzt „Zun" bedeutet, dass zwei feste Maschen in dieselbe Masche gehäkelt werden. Auch bei anderen Maschenarten sind Zunahmen möglich, zum Beispiel bei halben Stäbchen oder Stäbchen. In diesen Fällen finden Sie eine konkrete Anweisung in der Anleitung vor, wie beispielsweise „zwei halbe Stäbchen in dieselbe Masche" oder „drei feste Maschen in dieselbe Masche". Um das gewünschte Ergebnis zu erhalten, sollten Sie den Anleitungen aufmerksam folgen.

ABNAHMEN

Bei einer Abnahme werden zwei Maschen zu einer Masche zusammengehäkelt. Der Begriff „Abnahme" oder abgekürzt „Abn" bedeutet, dass zwei feste Maschen zusammen abgemascht werden.

Ich verwende hauptsächlich die Technik der unsichtbaren Abnahme. Hierzu wird die Nadel in das vordere Maschenglied eingestochen und dann in das vordere Maschenglied der nächsten Masche. Danach wird eine feste Masche gehäkelt. Halbe Stäbchen werden auf die gleiche Art und Weise zusammengehäkelt: Einen Umschlag machen wie bei einem normalen halben Stäbchen, die Häkelnadel in das vordere Maschenglied der ersten Masche und dann sofort in das vordere Maschenglied der nächsten Masche einstechen. Einen weiteren Umschlag machen und den Faden durch die beiden vorderen Maschenglieder ziehen. Dann einen letzten Umschlag machen und den Faden durch die drei Schlaufen auf der Häkelnadel ziehen.

Wer die Maschenzahl einer Reihe oder Runde verringern will, kann jedoch auch die klassische Methode benutzen. Hierzu werden unvollständige Maschen gehäkelt (der letzte Umschlag wird jeweils ausgelassen), die dann zusammen mit einem gemeinsamen Umschlag abgemascht werden. Gehen Sie wie folgt vor, um beispielsweise zwei feste Maschen zusammenzuhäkeln:

- Die Häkelnadel wie angegeben in die nächste Masche einstechen, einen Umschlag machen und den Faden holen. Es verbleiben nun zwei Schlaufen auf der Häkelnadel.
- Statt nun die feste Masche abzuschließen, die Häkelnadel in die nächste Masche stechen, einen Umschlag machen und den Faden holen. Es verbleiben nun drei Schlaufen auf der Häkelnadel.
- Dann einen letzten Umschlag machen und den Faden durch die drei Schlaufen auf der Häkelnadel ziehen. Nun ist nur noch eine Schlaufe auf der Nadel.

Ganz gleich welche Maschenart abgemascht werden soll: Gehen Sie immer in der gleichen Art und Weise vor und führen Sie alle Schritte der betreffenden Masche aus mit Ausnahme des letzten Umschlags. Sobald die gewünschte Anzahl an Maschen abgenommen wurde – es können mehr als zwei sein – einen letzten Umschlag machen und den Faden durch alle Schlaufen auf der Häkelnadel ziehen.

FARBWECHSEL

Es ist wichtig, beim Farbwechsel den Anweisungen genau zu folgen. Nur so erhalten Sie das erhoffte Ergebnis. Damit dies besonders gut gelingt, muss die Vorbereitung des Farbwechsels schon an der vorherigen Masche begonnen werden! Folgen Sie beim Häkeln der letzten Masche vor dem Farbwechsel daher diesen Schritten:

- Mit dem Häkeln einer festen Masche beginnen. Die Häkelnadel einstechen, einen Umschlag machen und ihn durch die Masche ziehen. Es verbleiben nun zwei Schlaufen auf der Häkelnadel.
- Jetzt den Farbwechsel durchführen. Hierzu einen Umschlag mit dem Faden der neuen Farbe machen und diesen Faden durch die zwei Schlaufen auf der Häkelnadel ziehen. Es befindet sich jetzt eine Schlaufe der neuen Farbe auf der Häkelnadel.
- Nun mit der neuen Farbe weiterhäkeln. Auf der Rückseite den Faden der vorherigen mit dem Faden der neuen Farbe verknoten.

Manchmal finden wiederholt Farbwechsel statt. In diesem Fall ist es besser, den Faden der vorherigen Farbe nicht abzuschneiden. Er wird belassen, und einige Reihen oder Runden später erneut aufgenommen.
Muss am Ende einer Kreisrunde ein Farbwechsel vorgenommen werden, so erfolgt dieser nicht immer in derselben Masche. Die Masche mit dem Farbwechsel kann je nachdem, welche Maschen in der nächsten Runde folgen oder welche speziellen Anweisungen in der Anleitung stehen, unterschiedlich sein. Manchmal ist der Farbwechsel diskreter, wenn er in der letzten Masche der Runde vorgenommen wird, und manchmal sieht es besser aus, wenn der Farbwechsel in der Kettmasche am Ende der Runde stattfindet. Das jeweils passende Vorgehen steht in den Anleitungen.

VORDER- ODER RÜCKSEITE?

Für Anfänger ist es manchmal schwierig, die Vorder- und Rückseite einer Häkelarbeit zu unterscheiden. Wenn Sie die Häkelnadel von vorne nach hinten einstechen ist die Vorderseite des Häkelstücks zu Ihnen gewandt. Bei einem runden Häkelstück wird von außen nach innen gestochen und die Außenseite entspricht der Vorderseite.
Bei Häkelstücken, die in Runden gefertigt werden, ist das Häkeln zudem einfacher, wenn die Vorderseite nach außen gerichtet ist. Aus ästhetischen Gründen kann dennoch die Entscheidung getroffen werden, die Rückseite sichtbar zu lassen. Dies hat jedoch zwei Nachteile. Erstens ist die Rückseite unübersichtlich. Die Rückseite von festen Maschen besteht aus einer Folge von kleinen horizontalen Strichen, die Linien bilden, sodass die Maschen schwerer zu erkennen und zu zählen sind. Feste Maschen formen ein kleines V-Muster auf der Vorderseite, was das Zählen erleichtert. Der Hauptnachteil der Rückseite liegt jedoch darin, dass es schwieriger ist, unsichtbare Abnahmen zu machen. Bei manchen Projekten wären die Abnahmen sehr auffällig, was die Gesamtoptik beeinträchtigen würde.
Bei der Erstellung einiger Modelle in diesem Buch ist es zudem erforderlich, dass die Häkelstücke an der Vorderseite gewölbt sind. Daher sollte unbedingt darauf geachtet werden, dass es nicht zu einer Verwechslung von Vorder- und Rückseite kommt.

DIE ARBEIT ABSCHLIESSEN

Das Endergebnis ist nur perfekt, wenn das Projekt sauber abgeschlossen wurde. Im Folgenden erfahren Sie, wie das bei den einzelnen Häkelteilen am besten gelingt.

Die Fäden unsichtbar vernähen

Wird in Spiralrunden gehäkelt, werden die einzelnen Runden nicht abgeschlossen und es entsteht an der Stelle, wo jeweils die neue Runde beginnt, eine Stufe. Der Rand ist dadurch unsauber. Um dies zu kaschieren, wird das Häkelstück mit eine Kettmasche beendet. Wenn eine solche Kettmasche benötigt wird, steht das in der Anleitung dabei.

Den Faden etwa 15 cm lang lassen und in eine Nähnadel einfädeln. Die nächste Masche überspringen und die Nadel unter den beiden Maschengliedern der darauf folgenden Masche von hinten nach vorne durchführen. Dann die Nadel unter dem hinteren Maschenglied der Kettmasche durchführen, dabei von hinten in das Häkelstück stechen. Je nach Anweisung entweder einen Knoten machen oder den Faden zum Zusammennähen aufheben.

Mit dieser Technik werden zwei Maschenglieder einer Masche über der übersprungenen Masche nachgebildet. So erhält man ein sauberes Ergebnis, ohne dass die Maschenzahl verändert wird.

Eine rund gestrickte Häkelarbeit beenden

Nach der letzten Masche den Faden mit 20 cm Überschuss abschneiden. Den Faden mit einer Nähnadel durch das vordere Maschenglied der nächsten Masche von innen nach außen führen. Mit allen Maschen der letzten gehäkelten Runde genauso verfahren – das sind in der Regel 5 oder 6 Maschen.

Jetzt am Faden ziehen, um die Öffnung zu schließen. Den Faden danach durch das Mittelloch hindurchführen und auf der anderen Seite des Häkelstücks herausziehen. Dann daran ziehen, bis das Loch gut verschlossen ist. Dabei darauf achten, dass nicht die ganze Häkelarbeit zusammengezogen wird. Den Faden ein oder zwei weitere Male durch das Stück ziehen, um ihn zu fixieren, und ihn dann bündig an der Austrittsstelle abschneiden.

TEILE ZUSAMMENFÜGEN

Zwei offene Teile an den Rändern zusammennähen, zum Beispiel den Kopf und den Körper

Wenn die letzten Runden beider Teile die gleiche Maschenzahl haben, den Faden einfach abwechselnd von innen nach außen durch eine Masche des Körpers und dann wieder von innen nach außen durch eine Masche des Kopfes führen. Nach einigen Stichen prüfen, ob Kopf und Körper richtig ausgerichtet sind, und den Vorgang, wenn nötig, durch Versetzen des ersten Stichs wiederholen. Nach dem letzten Stich den Faden mehrmals durch das Werkstück hindurchziehen, damit er fest sitzt, und ihn zum Schluss bündig abschneiden.

Ein offenes Häkelteil an ein geschlossenes annähen

Ein offenes Häkelteil an ein geschlossenes anzunähen, ist etwas schwieriger und wird von vielen gefürchtet! Doch wie immer gilt auch hier: Übung macht den Meister!

Das Häkelteil an der gewünschten Stelle positionieren und mit Stecknadeln sicher fixieren, damit es sich beim Zusammennähen nicht verschieben kann. Um einen schönen Abschluss zu erhalten, müssen alle Maschen der letzten Runde vernäht werden.

Die Nadel unter einem Faden des geschlossenen Stücks hindurchführen, dann von innen nach außen unter den beiden Gliedern der Masche der letzten Runde hindurch. Diesen Vorgang wiederholen, bis alle Maschen vernäht sind. Falls nötig, das Häkelteil vor dem Verschließen noch etwas ausstopfen. Den Faden mehrmals durch die Häkelarbeit ziehen und bündig abschneiden.

STICKEREIEN

Bei mehreren Modellen müssen Elemente aufgestickt werden, zum Beispiel ein Lächeln, Augenbrauen und anderes. Wer genau weiß, an welche Stelle sie gehören, kann sie vor dem Ausstopfen aufsticken und einfach einen Knoten auf der Rückseite seiner Arbeit machen. Leider ist es oft schwierig, die richtige Stelle zu erkennen, wenn die Häkelarbeit noch nicht ausgestopft ist.

Um diese Elemente nach dem Ausstopfen aufzusticken, eine lange, dünne Nadel nehmen und zwischen zwei Maschen in die Rückseite des Stücks oder durch eine Öffnung in das Füllmaterial des Stücks einführen, wobei die Nadel an der Stelle austreten muss, an der gestickt wird. Die Elemente aufsticken, dann den Faden genau an der Stelle austreten lassen, an der er eingeführt wurde. Das kann die Rückseite oder das Füllmaterial sein. Beide Fäden verknoten und den Knoten ins Innere des Häkelstücks drücken, um ihn verschwinden zu lassen. Falls nötig, die zwei Fadenenden mit einer Nadel in das Häkelstück einführen und den Überschuss abschneiden.

Vorsicht! Manche Häkeltiere sind sehr klein und nicht für Kinder unter 3 Jahren geeignet. Wer diese dennoch für Kleinkinder häkeln möchte, sollte die Sicherheitsaugen durch aufgestickte Augen ersetzen und eine besonders kleine Häkelnadel benutzen, damit keine Lücken zwischen den Maschen entstehen, durch die Füllmaterial austreten könnte.

NOCH EIN PAAR TIPPS ZUM SCHLUSS

Damit Ihre Häkelarbeit regelmäßig wird, sollten Sie die Maschen nicht zu fest häkeln. So gleitet Ihre Häkelnadel einfacher hindurch, und Sie erhalten durch die gleichbleibende Spannung ein regelmäßiges Häkelbild.

Wenn Sie gerade erst mit dem Häkeln beginnen, sollten Sie die Grundmaschen üben, bevor sie sich an das erste Projekt wagen. So können Sie sich mit der Häkeltechnik und den Abkürzungen der wichtigsten Maschen vertraut machen und müssen nicht ständig zu den ersten Seiten des Buchs zurückblättern. Vielleicht möchten Sie sich auch die Seite mit den Abkürzungen kopieren und neben die Anleitung legen.

Probieren Sie verschiedene Größen von Häkelnadeln aus, um diejenige zu finden, die am besten zu Ihrem Häkelstil passt. Wer dazu tendiert, zu locker zu häkeln, ist unter Umständen mit einer kleineren Häkelnadel besser bedient. Umgekehrt sollte jemand, der sehr fest häkelt, auf eine größere Häkelnadel zurückgreifen.

Lesen Sie die Anleitung am besten vollständig durch, bevor Sie mit dem Häkeln eines Tiers beginnen. So gehen Sie sicher, dass Sie das Vorgehen verstanden haben und keine wichtigen Informationen übersehen werden.

Die bei jedem Modell angegebene Häkelzeit ist eine Schätzung. Es ist die Zeit, die ich benötige, wenn ich die Anweisungen nach und nach lese und in Ruhe häkle. Wie lange Sie brauchen, hängt von Ihrer Erfahrung ab.

Abkürzungen

Abnahme: Abn
Feste Masche, feste Maschen: fM
Halbes Stäbchen: hStb
Hinteres Maschenglied: hMg
Kettmasche, Kettmaschen: Km
Luftmasche, Luftmaschen: Lm
Masche, Maschen: M
Reihe, Reihen: R
Runde, Runden: Rd
Stäbchen: Stb
Vorderes Maschenglied: vMg
Zunahme: Zun

Die Angabe (6 M) am Ende einer Reihe oder Runde bedeutet, dass in dieser Reihe oder Runde 6 Maschen gehäkelt wurden.

Wiederholungen können in runden Klammern, eckigen Klammern oder zwischen Sternchen angegeben sein.

Die Angabe (...) × 6 bedeutet 6-mal wiederholen, was innerhalb der Klammern steht.

Die Angabe [...] × 2 bedeutet 2-mal wiederholen, was innerhalb der Klammern steht. In eckigen Klammern können auch runde Klammern stehen.

Die Angabe * ... * bedeutet, dass die Anweisung zwischen den Sternchen wiederholt wird. Diese Art der Kennzeichnung wird bei Wiederholungen von längeren Abläufen verwendet.

Die Eselfamilie

 **Elterntier** 12 Std. – **Baby** 5 Std.

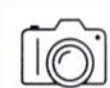 S. 6

Abmessungen

Ungefähre Höhe: Elterntier 28 cm – Baby 17 cm

Material

- 1 × Häkelnadel 2,25 mm und 1 × Häkelnadel 3,00 mm

Elterntier

- DMC Happy Cotton, 20 g, 43 m: Farbe 775 (Schwarz), 7 g; Farbe 761 (Wollweiß), 9 g; Farbe 750 (Denim), 65 g; Farbe 769 (Altrosa), 4 m; Farbe 787 (Vanille), 6 g. Für 5 Karotten: Farbe 753 (Orange), 9 g; Farbe 783 (Hellgrün), 4 m
- DMC Samara Lux Fur Effect, 100 g, 66 m: Farbe 400 (Wollweiß), 8 g
- DMC Lumina Metallic, 20 g, 150 m: Farbe L3821 (Gold), 35 m. In 3 Fäden à 50 m teilen. Um eine ähnliche Stärke wie die von Happy Cotton zu erreiche, die goldfarbenen Teile mit 3-fachem Faden häkeln. Das Restgarn für die Stickereien verwenden.
- 2 schwarze Sicherheitsaugen, 9 mm

Baby

- DMC Happy Cotton, 20 g, 43 m: Farbe 775 (Schwarz), 3 g; Farbe 761 (Wollweiß), 4 g; Farbe 767 (Blaugrau), 28 g; Farbe 769 (Altrosa), 2 m
- DMC Samara Lux Fur Effect, 100 g, 66 m: Farbe 400 (Wollweiß), 1 m
- DMC Lumina Metallic, 20 g, 150 m: Farbe L3821 (Gold), 1 m
- 2 schwarze Sicherheitsaugen, 7 mm

HINWEISE

Die Beine und der Körper der Esel sowie der Kopf und der Hals werden in einem Stück ohne Naht gehäkelt. Der Schwanz wird an den Körper gehäkelt und der Kopf dann am Halsansatz an den Körper genäht. Mähne und Schwanz werden aus Fellgarn gefertigt. Das bei diesem Modell verwendete Garn ist einfach zu verarbeiten – auch für Anfänger.

Für den Korb werden tiefgestochene fM gehäkelt. Die Technik ist die gleiche wie für eine normale fM – nur die Einstichstelle der Häkelnadel ist anders. Anstatt wie üblich unter die beiden Maschenglieder einer M der vorherigen Rd zu stechen, wird hier unter die beiden Maschenglieder einer M gestochen, die zwei Rd zuvor gehäkelt wurde. Nun wird eine Schlaufe gemacht, die so hoch ist wie die anderen M der Runde, die gerade gehäkelt wird. Beispiel: Um die tiefgestochenen fM der Rd 8 des Korbs zu Häkeln, wird in die zwei Maschenglieder der Rd 6 gestochen. Dabei werden die tiefgestochenen fM über die fM der Rd 7 gezogen.

ELTERNTIER

LINKE BEINE (2-MAL)

In Schwarz: Spiralrunden häkeln mit der Häkelnadel 2,25 mm.

Rd 1: 6 fM in 1 Fadenring (6 M).
Rd 2: 6 Zun (12 M).
Rd 3: (1 fM, 1 Zun) × 6 (18 M).
Rd 4: (5 fM, 1 Zun) × 3 (21 M).
Rd 5: 6 fM, (1 fM, 1 Abn) × 3, 6 fM (18 M).
Rd 6: 6 fM, 3 Abn, 6 fM (15 M).
In Wollweiß: Den schwarzen Faden vernähen.
Rd 7: 15 fM (15 M).
In Denim: Den wollweißen Faden vernähen.
Rd 8: 15 fM (15 M).
Das Ende des Beins ausstopfen. Dabei darauf achten, dass die Unterseite des Beins relativ flach bleibt und sich nicht wölbt. Dann nach und nach den Rest des Beins ausstopfen.
Rd 9: (1 Abn, 3 fM) × 3 (12 M).
Rd 10 bis 20: 12 fM (12 M).
Rd 21: 8 fM, (1 Zun, 1 fM) × 2 (14 M).
Rd 22: 1 Zun, 13 fM (15 M).
Rd 23: 9 fM (1 fM, 1 Zun) × 3 (18 M).
Rd 24: 12 fM, (1 Zun, 1 fM) × 3 (21 M).
Rd 25: 12 fM (2 fM, 1 Zun) × 3 (24 M).
Einen Maschenmarkierer an M 21 der Rd 25 setzen.
Rd 26: 1 fM, 1 Km, die anderen M der Rd nicht häkeln (24 M).
Den Faden auf einer Länge von 10 cm abschneiden, unsichtbar im Häkelteil vernähen und verknoten.
Die linken Beine werden an der 1. und 2. Position am Körper befestigt.

RECHTE BEINE (2-MAL)

In Schwarz: Spiralrunden häkeln mit der Häkelnadel 2,25 mm.
Rd 1 bis 20: wie die Rd 1 bis 20 der linken Beine häkeln.
Rd 21: 12 fM (12 M).
Rd 22: (1 fM, 1 Zun) × 3, 6 fM (15 M).
Rd 23: 15 fM (15 M).
Rd 24: 3 fM, (1 Zun, 1 fM) × 3, 6 fM (18 M).
Rd 25: 4 fM, (1 Zun, 1 fM) × 3, 8 fM (21 M).
Rd 26: 5 fM, (1 Zun, 2 fM) × 3, 2 fM, 1 Km, die anderen M der Rd nicht häkeln (24 M).
Einen Maschenmarkierer an M 15 der Rd 26 setzen.
Den Faden auf einer Länge von 10 cm abschneiden, unsichtbar im Häkelteil vernähen und verknoten.
Die rechten Beine werden an der 3. und 4. Position am Körper befestigt.

SCHWANZ

In Denim: Spiralrunden häkeln mit der Häkelnadel 2,25 mm.
Rd 1: 5 fM in 1 Fadenring, den Fadenring beim Schließen nicht zu fest ziehen (5 M).
Rd 2: 5 Zun (10 M).
Rd 3: 10 fM hMg (10 M).
Auf der Rd mit den sichtbar gebliebenen vMg die M 1 mit dem Maschenmarkierer markieren.
Rd 4: (3 fM, 1 Abn) × 2 (8 M).
Rd 5: 8 fM (8 M).
Rd 6: (1 fM, 1 Abn, 1 fM) × 2 (6 M).

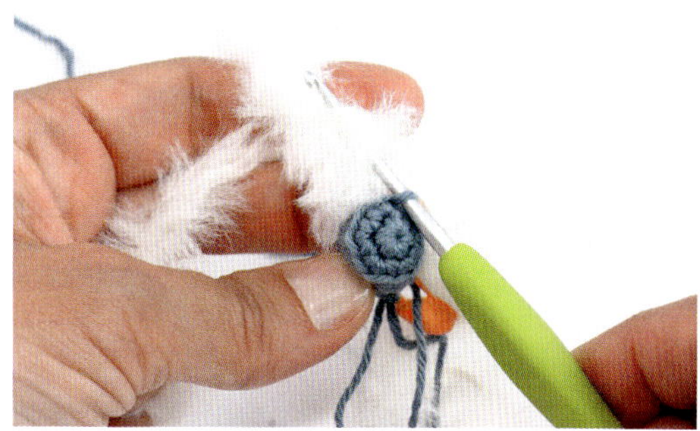

Vor der Weiterarbeit am Schwanz den Pompon aus Fellgarn häkeln: Mit der 3,00-mm-Häkelnadel einen Faden durch das zuvor markierte Maschenglied ziehen, am Anfang 10 cm Überschuss lassen. 1 Lm und 1 fM in dieselbe M, dann 1 fM in jedes der folgenden 9 vMg. Den Faden auf einer Länge von 10 cm abschneiden. Die Enden des Fellgarns ins Innere des Schwanzes ziehen und sie dabei durch den Fadenring ziehen. Die Enden verknoten und den überstehenden Faden abschneiden.

Den Schwanz weiterhäkeln.
Rd 7 bis 8: 6 fM (6 M).
Rd 9: 2 fM, 1 Abn, 2 fM (5 M).
Rd 10 bis 19: 5 fM (5 M).
Rd 20: 4 fM, 1 Km (5 M).
Nun die 2 Häkelränder der oberen Öffnung flach aneinanderdrücken und wie folgt zusammenhäkeln: Die Häkelnadel von vorne nach hinten in die nächste M führen und anschließend von hinten nach vorne in die vorherige M. Dann 1 fM häkeln. Diese M markieren. 1 weitere fM in die beiden Ränder häkeln.
Den Faden mit 10 cm Überschuss abschneiden, unsichtbar in das Häkelteil einarbeiten.

KÖRPER

In Denim: Spiralrunden mit der Häkelnadel 2,25 mm um die Luftmaschenkette häkeln.
Rd 1: 1 Luftmaschenkette mit 27 Lm häkeln. 25 fM, dabei bei der 2. M von der Häkelnadel aus beginnen. In die Endmasche der Luftmaschenkette 3 fM häkeln. Auf der anderen Seite der Luftmaschenkette weiterhäkeln: 24 fM, 1 Zun (54 M).
Dieses Oval bildet den Bauch. Die 4 Beine werden so um dieses herum angebracht, dass ein zusammenhängendes Häkelteil entsteht.
Rd 2: 1 Zun. Das 1. linke Bein befestigen. Am Körper entlang weiterhäkeln: 12 hStb. Das 2. linke Bein befestigen. Am Körper entlang weiterhäkeln: 3 Zun. Das 1. rechte Bein befestigen. Am Körper entlang weiterhäkeln: 12 hStb. Das 2. rechte Bein befestigen. Am Körper entlang weiterhäkeln: 2 Zun (60 M).

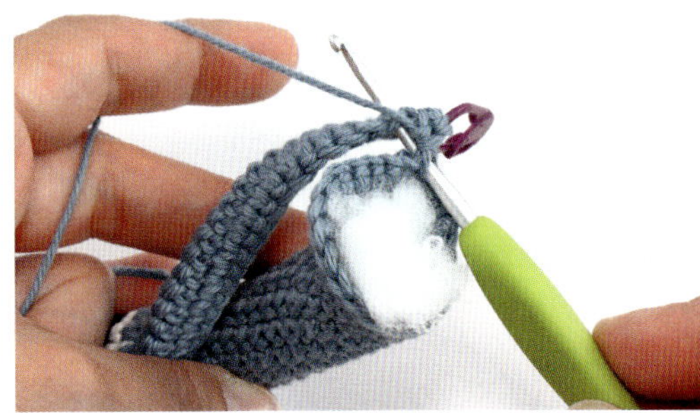

Die Beine befestigen: Die Häkelnadel von innen nach außen in die markierte M des Beins führen und in die nächste M des Körpers, dann 1 fM häkeln. Weitere 5 fM häkeln und dabei durch beide Häkelteile stechen.
Nun um den Körper und die Beine häkeln – nicht mehr in die 6 fM häkeln, an denen jedes Bein verbunden wurde. Die Abn der Rd 3 müssen systematisch durch 1 M des Körperovals und 1 M eines Beins gezogen werden.

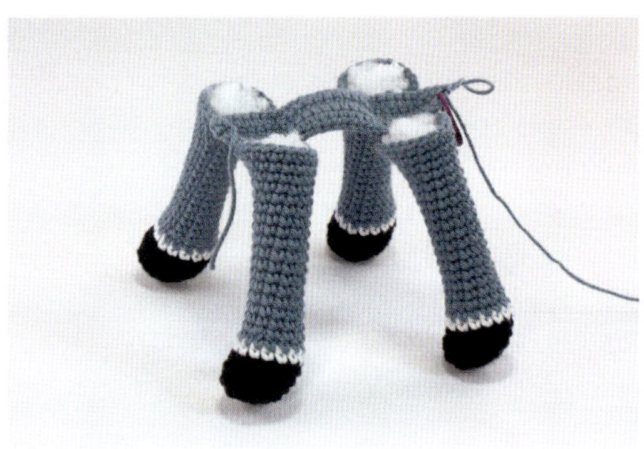

Um sie besser zu erkennen, können vor dem Häkeln der Runde markiert werden.
Rd 3: 1 fM, 1 Abn, 16 fM, 1 Abn, 10 fM, 1 Abn, 16 fM, 1 Abn, 4 fM, 1 Abn, 16 fM, 1 Abn, 10 fM, 1 Abn, 16 fM, 1 Abn, 3 fM (100 M).
Rd 4: 1 fM, 1 Abn, 14 fM, 1 Abn, 9 fM, 1 Abn, 15 fM, 1 Abn, 4 fM, 1 Abn, 15 fM, 1 Abn, 9 fM, 1 Abn, 14 fM, 1 Abn, 3 fM (92 M).
Rd 5: 16 fM, 1 Abn, 8 fM, 1 Abn, 34 fM, 1 Abn, 8 fM, 1 Abn, 18 fM (88 M).
Rd 6: 15 fM, 1 Abn, 8 fM, 1 Abn, 32 fM, 1 Abn, 8 fM, 1 Abn, 17 fM (84 M).
Rd 7: 14 fM, 1 Abn, 8 fM, 1 Abn, 30 fM, 1 Abn, 8 fM, 1 Abn, 16 fM (80 M).
Rd 8 bis 10: 80 fM (80 M).
Rd 11: 71 fM, 1 Abn, 7 fM (79 M).
Rd 12: 6 fM, 1 Abn, 61 fM, 1 Abn, 8 fM (77 M).
Rd 13: 7 fM, 1 Abn, 61 fM, 1 Abn, 5 fM (75 M).

Rd 14: 4 fM, 1 Abn, 62 fM, 1 Abn, 4 fM, 1 fM in die markierte M des Schwanzes und in die folgende M des Körpers (73 M).
Rd 15: 1 fM in die andere M des Schwanzes und in die folgende M des Körpers. Nur am Körper fortfahren: 4 fM, 1 Abn, 60 fM, 1 Abn, 4 fM (71 M).
Rd 16: 5 fM, 1 Abn, 59 fM, 1 Abn, 3 fM (69 M).
Rd 17: 4 fM, 1 Abn, 59 fM, 1 Abn, 2 fM (67 M).
Rd 18: 3 fM, 1 Abn, 59 fM, 1 Abn, 1 fM (65 M).
Rd 19: 3 fM, 1 Abn, 56 fM, 2 Abn (62 M).
Rd 20: 2 fM, 2 Abn, 53 fM, 2 Abn (58 M).
Die letzte Abn in die letzte M der aktuellen Rd und der 1. M der nächsten Rd häkeln. Die nächste M als M 1 der Rd 21 markieren.
Rd 21: 2 Abn, 52 fM, 1 Abn (55 M).
Rd 22: 1 Abn, 36 fM, 1 Zun, die anderen M der Rd nicht häkeln (55 M).
Mit dem Ausstopfen des Körpers beginnen. Die Beinansätze besonders gut ausstopfen, damit sie steif genug sind, um das Gewicht des Esels zu halten.
Den Hals formen: 32 M überspringen und die Rd 23 in der 17. M der Rd 22 beginnen. Im Anschluss nur um den Hals herumhäkeln. Die 32 M, die übersprungen wurden, werden später am Rücken zusammengenäht.

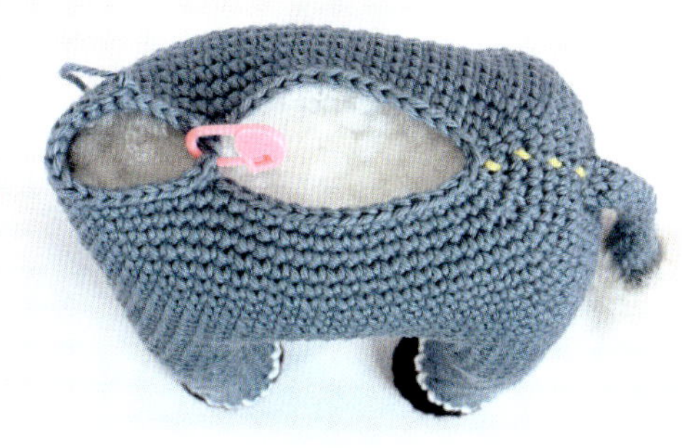

Rd 23: 1 Zun, 16 fM, 1 Km, die anderen M der Rd nicht häkeln (24 M).
Den Faden mit 10 cm Überschuss abschneiden, unsichtbar im Häkelteil vernähen und verknoten.

Die zuvor übersprungenen 32 M mit einem 70 cm langen Faden in Denim an den Rändern zusammennähen. 15 cm Anfangsfaden lassen, um ihn später einfach vernähen zu können. Während des Nähens nach und nach Füllmaterial einfügen, damit der Rücken eine schöne Form erhält.
Die ersten M des Halses mit der Nähnadel von einer zur anderen Seite vernähen, um den Halsansatz zu verstärken. Danach die gegenüberliegenden M bis zum Hinterteil des Esels zusammennähen.
Ein einfacher Überwendlingsstich reicht für diese Naht aus. Es ist aber auch möglich, den Faden doppelt durch jede M zu ziehen, um feste Maschen nachzuahmen.
Beide Fadenenden durch mehrmaliges Hin- und Herführen im Körper vernähen.
Den Körper am Hals fertig ausstopfen.

KOPF

In Denim: Spiralrunden häkeln mit der Häkelnadel 2,25 mm.
Rd 1: 6 fM in 1 Fadenring (6 M).
Rd 2: 6 Zun (12 M).
Rd 3: (1 fM, 1 Zun) × 6 (18 M).
Rd 4: (1 fM, 1 Zun, 1 fM) × 6 (24 M).
Rd 5: (3 fM, 1 Zun) × 6 (30 M).
Rd 6: (2 fM, 1 Zun, 2 fM) × 6 (36 M).
Rd 7: (5 fM, 1 Zun) × 6 (42 M).
Rd 8: (3 fM, 1 Zun, 3 fM) × 6 (48 M).
Rd 9: (7 fM, 1 Zun) × 6 (54 M).
Rd 10 bis 11: 54 fM (54 M).
Rd 12: 45 fM, 1 Abn, 7 fM (53 M).
Rd 13a: 38 fM. Die nächste M der Rd 12 markieren (lila Maschenmarkierer auf dem Foto S. 34), 7 Lm, die letzten 15 M überspringen (45 M).
Durch die Luftmaschenkette wird die Häkelarbeit in zwei Teile getrennt. Zuerst wird die eine Hälfte gehäkelt (Schnauze), dann die andere (Hals). Die 2 Maschenmarkierer markieren die 1. M der Rd für jede Hälfte.

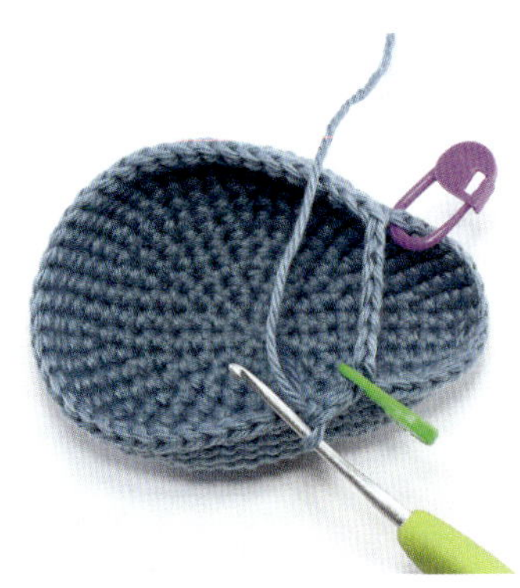

Die Schnauze

Rd 14a: 1 fM in die 1. M der Rd 13a, um die Luftmaschenkette zu befestigen (grüner Maschenmarkierer auf dem Foto oben). 37 fM, 7 fM in das hMg der Luftmaschenkette (45 M).

Rd 15a bis 18a: 45 fM (45 M).

Rd 19a: 8 fM, (1 Abn, 9 fM) × 3, 4 fM (42 M).

Die Sicherheitsaugen zwischen den Rd 15a und 16a in die M 10 und 30 der Rd 15 einsetzen.

In Wollweiß: Den Faden in Denim vernähen.

Rd 20a und 21a: 42 fM (42 M).

Rd 22a: (6 fM, 1 Abn, 6 fM) × 3 (39 M).

Rd 23a: 39 fM (39 M).

Rd 24a: (11 fM, 1 Abn) × 3 (36 M).

Rd 25a: (2 fM, 1 Abn, 2 fM) × 6 (30 M).

Mit dem Ausstopfen des Kopfs beginnen. Dann vor dem Schließen nach und nach ausstopfen.

Rd 26a: (3 fM, 1 Abn) × 6 (24 M).

Rd 27a: (1 fM, 1 Abn, 1 fM) × 6 (18 M).

Rd 28a: (1 fM, 1 Abn) × 6 (12 M).

Rd 29a: 6 Abn (6 M).

Schließen und den Faden vernähen.

Mit einem Stück schwarzem Faden 2 Striche von 2 M Länge zwischen Rd 24 und Rd 25 als Nüstern auf die Schnauze aufsticken.

Der Hals

An der markierten M der Rd 13a fortfahren.

Rd 13b: 1 Faden in Denim in diese M einfädeln, 1 Lm und 1 fM in dieselbe M, 14 fM, 7 fM auf die andere Seite der Luftmaschenkette häkeln (vMg) (22 M).

Rd 14b: (4 fM, 1 Zun) × 2, 12 fM (24 M).

Rd 15b: 24 fM (24 M).

Rd 16b: 15 fM, 1 Km, die anderen M der Rd nicht häkeln (24 M).

Den Faden auf einer Länge von 60 cm abschneiden.

Den Kopf und den Hals fertig ausstopfen.

Den Kopf an den Körper nähen.

Wie zuvor reicht auch hier ein einfacher Überwendlingsstich für die Naht aus. Es ist aber auch möglich, den Faden doppelt durch jede M zu ziehen, um fM nachzuahmen.

Den Hals vor dem endgültigen Zunähen fest ausstopfen.

Den Faden durch mehrmaliges Hin- und Herführen im Körper sichern.

WANGEN (2-MAL)

In Altrosa: Spiralrunden häkeln mit der Häkelnadel 2,25 mm.

Rd 1: 6 fM in 1 Fadenring (6 M).

Rd 2: 6 Zun (12 M).

Den Faden auf einer Länge von 30 cm abschneiden und unsichtbar vernähen.

Die Wangen unterhalb der Augen und leicht nach hinten versetzt auf die Maschen der Rd 11 bis 14 des Kopfs aufnähen.

MÄHNE

In Wollweiß: Reihen häkeln mit der Häkelnadel 3 mm.

R 1: 26 Lm, 25 fM, dabei bei der 2. M von der Häkelnadel aus anfangen (25 M).

Das vMg der M 1 der R 1 markieren.

R 2: 25 fM vMg (25 M).

Das hMg der M 1 der R 2 markieren.

R 3: 25 fM hMg (25 M).

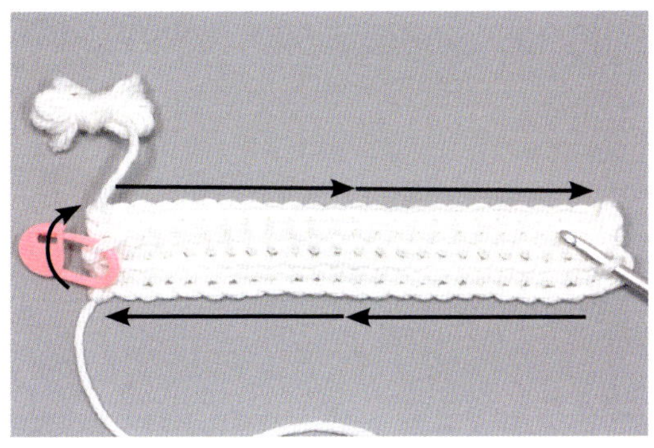

Den Faden auf einer Länge von 60 cm abschneiden.

Den Faden des Fellgarns mit der 3,00-mm-Häkelnadel in eins der zuvor markierten Maschenglieder führen, dabei 15 cm Anfangsfaden lassen. 1 Lm und 1 fM in dieselbe M, dann 1 fM in jedes der folgenden 24 Maschenglieder. Am Ende der R eine Lm häkeln und die Arbeit wenden. Am anderen zuvor markierten Maschenglied weiterhäkeln. 1 fM in jedes der 25 Maschenglieder dieser R häkeln.

Den Faden auf einer Länge von 15 cm abschneiden.

Die Mähne auf den Kopf setzen. Hierbei ein Ende an der Vorderseite des Kopfs zwischen Rd 12 und 13 mittig zwischen die Augen setzen. Mit einer Nadel auf der gesamten Länge mit dem wollweißen Faden festnähen. Hierzu auf einer Seite in die M der Rd 3 und auf der anderen Seite in die Maschenglieder der Luftmaschenkette stechen. Das Fellgarn unter der Mähne oder im Kopf unsichtbar vernähen und abschneiden.

OHREN (2-MAL)

In Denim: Spiralrunden häkeln mit der Häkelnadel 2,25 mm.

Rd 1: 5 fM in 1 Fadenring (5 M).
Rd 2: 1 Zun, 4 fM (6 M).
Rd 3: (1 Zun, 1 fM) × 3 (9 M).
Rd 4: (1 fM, 1 Zun, 1 fM) × 3 (12 M).
Rd 5: (3 fM, 1 Zun) × 3 (15 M).
Rd 6: 15 fM (15 M).
Rd 7: (2 fM, 1 Zun, 2 fM) × 3 (18 M).
Rd 8: (5 fM, 1 Zun) × 3 (21 M).
Rd 9: (3 fM, 1 Zun, 3 fM) × 3 (24 M).
Rd 10 bis 16: 24 fM (24 M).
Rd 17: 9 fM, 1 Abn, 10 fM, 1 Abn, 1 fM (22 M).
Rd 18: 4 Abn, 13 fM, 1 Abn (17 M).

Die letzte Abn in die letzte M der aktuellen Rd und die 1. M der nächsten Rd häkeln. Die nächste M als M 1 der Rd 19 markieren.

Rd 19: 2 Abn, 10 fM, 1 Km, die letzte M nicht häkeln (15 M).

Das Ohr formen, indem es nach der Abn nach innen gewölbt wird. Dann 5 M überspringen und 1 Km in die nächste M häkeln.

Den Faden auf einer Länge von 40 cm abschneiden. Den Faden in die 1. Abn von Rd 19, die gefaltete Mitte des Ohrs, einführen und ihn am Ohransatz herausziehen, um die Mitte des Ohrs beim Nähen zu fixieren.

Mit dem Fellgarn eine 30 cm lange vertikale Linie in die Mitte des Ohrs sticken. In zwei Durchgängen besticken, damit das Fellgarn eng an den Maschen des Ohres sitzt, ohne es zu verformen: Zuerst eine vertikale Linie in zwei Durchgängen in die Rd 14 bis 18 sticken, dann eine weitere vertikale Linie in zwei Durchgängen in die Rd 9 bis 13.

Die Ohren an beiden Seiten der Mähne auf den Rd 8 bis 10 des Kopfs befestigen, dabei 2 M Abstand von der Mähne lassen.

Zum Schluss, falls gewünscht, mit goldenem Garn kleine Vs auf die Kruppe des Esels sticken.

ZUBEHÖR

Der Korb

In Vanille: In Kreisrunden häkeln mit der Häkelnadel 2,25 mm.

Rd 1: 8 fM in 1 Fadenring. 1 Km in die M 1 der Rd, um diese zu schließen (8 M).
Rd 2: 1 Lm. [1 fM, (1 fM, 1 hStb, 1 fM) in dieselbe M] × 4; mit 1 Km abschließen (16 M).
Rd 3: 1 Lm. [2 fM, (1 fM, 1 hStb, 1 fM) in dieselbe M, 1 fM] × 4; mit 1 Km abschließen (24 M).

Rd 4: 1 Lm. [3 fM, (1 fM, 1 hStb, 1 fM) in dieselbe M, 2 fM] × 4; mit 1 Km abschließen (32 M).
Rd 5: 1 Lm. [4 fM, (1 fM, 1 hStb, 1 fM) in dieselbe M, 3 fM] × 4; mit 1 Km abschließen (40 M).
In Gold: mit 3 Fäden. Mit einer Lm einen Farbwechsel durchführen.
Rd 6: 1 Lm, 40 fM hMg (oder als Relief, um den Knick noch mehr herauszuarbeiten). mit 1 Km abschließen (40 M).
Rd 7: 1 Lm, 40 fM, mit 1 Km abschließen (40 M).
Rd 8: 1 Lm. [1 fM in Gold, 1 tiefgestochene fM in Vanille) × 20, mit 1 Km abschließen (40 M).
Rd 9: 1 Lm. [1 tiefgestochene fM in Vanille, 1 fM in Gold) × 20, mit 1 Km abschließen (40 M).
Rd 10 bis 13: 2 × Anleitung der Rd 8 und 9 wiederholen (40 M).
Rd 14: 40 Km (40 M).
Die Fäden auf einer Länge von 10 cm abschneiden, unter ein paar M führen und dann bündig abschneiden.

Gurt (2-mal)

In Vanille: Mit der Häkelnadel 2,25 mm weiterarbeiten.
1 Luftmaschenkette mit 23 M häkeln und dabei 10 cm Anfangsfaden lassen, um ihn leicht einziehen zu können. Ab der 4. M von der Häkelnadel aus 15 Stb, 2 hStb, 2 fM, 1 Km, 14 Lm häkeln.
Mit einem kurzen Stück Faden in Vanille die Enden jedes Gurts beidseitig an die Basis des Korbs nähen (zwischen Rd 5 und 6). Die Fäden unter ein paar M führen und dann bündig abschneiden.

Karotten

Mit der Häkelnadel 2,25 mm.
In Hellgrün: Vor der ersten Schlaufe 10 cm Faden lassen * 1 Luftmaschenkette mit 4 Lm häkeln. 3 Km, dabei bei der 2. M von der Häkelnadel aus beginnen.* Den Teil von * bis * 2-mal wiederholen.
Den Faden auf einer Länge von 10 cm abschneiden.
In Orange:
Rd 1: 6 fM in 1 Fadenring, am Anfang 10 cm Faden lassen (6 M).
Rd 2: (1 Zun, 1 fM) × 3 (9 M).
Rd 3: 9 fM (9 M).
Mit einer Nähnadel die zwei Enden des hellgrünen Fadens durch den Fadenring in die Karotte ziehen, sodass die 3 kleinen Blätter nach außen zeigen. Diese grünen Fäden mit dem orangefarbenen Anfangsfaden fest verknoten. Falls nötig, mithilfe eines grünen Fadens eine weitere Naht am mittleren grünen Blatt machen. Danach die Fäden abschneiden.
Rd 4: 9 fM (9 M).
Rd 5: 7 fM, 1 Abn (8 M).
Mit dem Ausstopfen beginnen.
Nach und nach weiter ausstopfen.
Rd 6: 5 fM, 1 Abn, 1 fM (7 M).
Rd 7: 3 fM, 1 Abn, 2 fM (6 M).
Rd 8: 6 fM (6 M).
Rd 9: 4 fM, 1 Abn (5 M).
Das Häkelteil fertig ausstopfen, abschließen und den Faden vor dem Abschneiden einziehen.

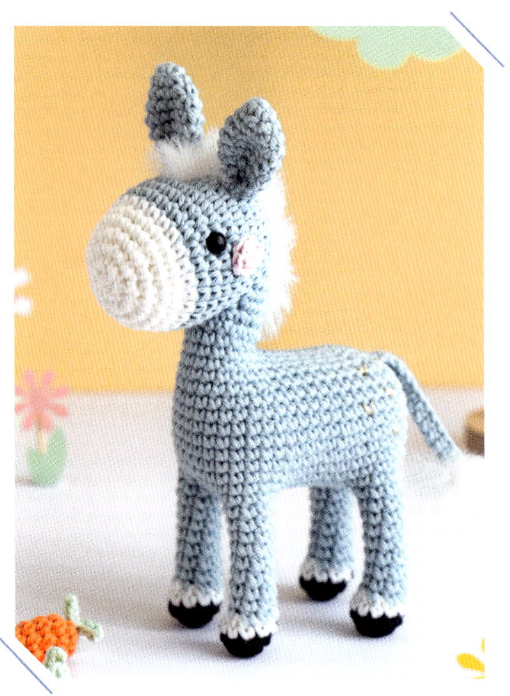

BABY

LINKE BEINE (2-MAL)

In Schwarz: Spiralrunden häkeln mit der Häkelnadel 2,25 mm.
Rd 1: 5 fM in 1 Fadenring (5 M).
Rd 2: 5 Zun (10 M).
Rd 3: 10 fM (10 M).
In Wollweiß: Den schwarzen Faden vernähen.
Rd 4: 10 fM (10 M).
In Blaugrau: Den wollweißen Faden vernähen.
Rd 5: 3 fM, 2 Abn, 3 fM (8 M).
Das Beinende ausstopfen. Dann den Rest nach und nach fest ausstopfen.
Rd 6 bis 12: 8 fM (8 M).
Rd 13: (1 Zun, 5 fM) × 2 Zun (11 M).
Einen Maschenmarkierer an M 11 der Rd 13 setzen.
Rd 14: 1 Km, die anderen M der Rd nicht häkeln (11 M).
Den Faden auf einer Länge von 10 cm abschneiden, unsichtbar im Häkelteil vernähen und auf der Innenseite verknoten.
Die linken Beine werden an der 1. und 2. Position am Körper befestigt.

RECHTE BEINE (2-MAL)

In Schwarz: Spiralrunden häkeln mit der Häkelnadel 2,25 mm.
Rd 1 bis 12: wie die Rd 1 bis 12 der linken Beine häkeln.
Rd 13: 8 fM (8 M).
Rd 14: 1 fM, 3 Zun, 1 Km, die anderen M der Rd nicht häkeln (11 M).
Einen Maschenmarkierer an M 6 der Rd 14 setzen.
Den Faden auf einer Länge von 10 cm abschneiden, unsichtbar im Häkelteil vernähen und auf der Innenseite verknoten.
Die rechten Beine werden an der 3. und 4. Position am Körper befestigt.

SCHWANZ

In Blaugrau: Mit der Häkelnadel 2,25 mm.
1 Luftmaschenkette mit 13 Lm häkeln, am Anfang 10 cm Faden lassen. 12 fM, dabei bei der 2. M von der Häkelnadel aus beginnen. Dann den Faden auf einer Länge von 10 cm abschneiden.
Ein 20 cm langes Stück Fellgarn zur Hand nehmen. Mithilfe einer Nadel diesen Faden am Ende des Schwanzes einfädeln, auf der gegenüberliegenden Seite des Anfangs- und des Endfadens.
Den Fellfaden so zurechtziehen, dass zwei gleichlange Hälften entstehen und bündig zum Schwanz einen Sackstich knoten. Den Knoten fest anziehen, dann die Fadenenden 1 cm vom Knoten entfernt abschneiden.

KÖRPER

In Blaugrau: Spiralrunden um die Luftmaschenkette häkeln mit der Häkelnadel 2,25 mm.
Rd 1: 1 Luftmaschenkette mit 13 Lm häkeln. 11 fM, dabei bei der 2. M von der Häkelnadel aus beginnen. In die Endmasche der Luftmaschenkette 3 fM häkeln. Auf der anderen Seite der Luftmaschenkette weiterhäkeln: 10 fM, 1 Zun (26 M).
Dieses Oval bildet den Bauch. Die 4 Beine werden so um es herum angebracht, dass am Ende nur ein einziges Häkelteil entsteht.
Rd 2: 1 fM. Das 1. linke Bein befestigen. Weiter am Körper entlanghäkeln: 8 fM. Das 2. linke Bein befestigen. Weiter am Körper entlanghäkeln: 1 fM in die gleiche M (an der auch die 2. M des Beins befestigt wurde), 1 Zun, 1 fM. Das 1. rechte Bein befestigen. Weiter am Körper entlanghäkeln: 8 fM. Das 2. rechte Bein befestigen. Weiter am Körper entlanghäkeln: 1 fM in die gleiche M (an der auch die 2. M des Beins befestigt wurde), 1 Zun (32 M).
<u>Die Beine 1 und 3 befestigen:</u> Die Häkelnadel von innen nach außen in die markierte M des Beins führen und in die gleiche M des Körpers, dann 1 fM häkeln. 1 weitere fM häkeln und

dabei in die folgenden M beider Häkelteile stechen.

Die Beine 2 und 4 befestigen: Die Häkelnadel von innen nach außen in die markierte M des Beins führen und in die nächste M des Körpers, dann 1 fM häkeln. 1 weitere fM häkeln und dabei in die folgenden M beider Häkelteile stechen.

Nun um den Körper und die Beine häkeln, dabei aber nicht mehr in die 2 fM häkeln, an denen jedes Bein verbunden wurde.

Die Abn der Rd 3 müssen systematisch durch 1 M des Körperovals und 1 M eines Beins gezogen werden. Um sie besser zu erkennen, können sie vor dem Häkeln der Runde markiert werden.

Rd 3: 9 fM, 1 Abn, 6 fM, 1 Abn, 20 fM, 1 Abn, 6 fM, 1 Abn, 11 fM (56 M).

Rd 4: 1 Abn, 7 fM, 1 Abn, 4 fM, 1 Abn, 7 fM, 1 Abn, 2 fM, 1 Abn, 7 fM, 1 Abn, 4 fM, 1 Abn, 7 fM, 1 Abn, 2 fM (48 M).

Rd 5 bis 8: 48 fM (48 M).

Rd 9: 42 fM, 1 Abn, 4 fM (47 M).

Rd 10: 3 fM, 1 Abn, 37 fM, 1 Abn, 3 fM (45 M).

Rd 11: 2 fM, 1 Abn, 37 fM, 1 Abn, 2 fM (43 M).

Rd 12: 2 fM, 1 Abn, 10 fM, 1 Abn, 12 fM, 1 Abn, 8 fM, 2 Abn, 1 fM (38 M).

Nun den Schwanz befestigen. Mit einer Nähnadel einen Faden des Schwanzes in die letzte M der Rd 10 einfädeln und den anderen in die 1. M der Rd 11. Dann beide Fäden auf der Rückseite verknoten.

Rd 13: 1 fM, 2 Abn, 29 fM, 2 Abn (34 M).

Rd 14: 2 Abn, 28 fM, 1 Abn (31 M).

Rd 15: 1 Abn, 20 fM, 1 Abn, die anderen M der Rd nicht häkeln (31 M).

Mit dem Ausstopfen des Körpers beginnen. Den Beinansatz besonders gut ausstopfen.

Den Hals formen: 16 M überspringen und die Rd 16 in der 9. M der Rd 15 beginnen. Im Anschluss nur um den Hals herum häkeln. Die 16 M, die übersprungen wurden, werden später am Rücken zusammengenäht.

Rd 16: 1 Zun, 10 fM, 1 Km, die anderen M der Rd nicht häkeln (16 M).

Den Faden mit 10 cm Überschuss abschneiden, unsichtbar im Häkelteil vernähen und verknoten.

Die zuvor übersprungenen 16 M mit einem 50 cm langen Faden in Blaugrau an den Kanten zusammennähen. Vorgehen, wie beim Elterntier beschrieben (s. S. 33).

KOPF

In Blaugrau: Spiralrunden häkeln mit der Häkelnadel 2,25 mm.

Rd 1: 6 fM in 1 Fadenring (6 M).

Rd 2: 6 Zun (12 M).

Rd 3: (1 fM, 1 Zun) × 6 (18 M).

Rd 4: (1 fM, 1 Zun, 1 fM) × 6 (24 M).

Rd 5: (3 fM, 1 Zun) × 6 (30 M).

Rd 6: 30 fM (30 M).

Rd 7a: 4 fM (1 Zun, 5 fM) × 2, 1 Zun, 4 fM.

Einen Maschenmarkierer auf die nächste M der Rd 6 setzen. 5 Lm. Die letzten 9 M überspringen (29 M).

Durch die Luftmaschenkette wird die Häkelarbeit in zwei Teile getrennt. Zuerst wird die eine Hälfte gehäkelt (Schnauze), dann die andere (Hals). Die 2 Maschenmarkierer markieren die 1. M der Rd für jede Hälfte.

MAUL

Rd 8a: 1 fM in die 1. M der Rd 7a, um die Luftmaschenkette zu befestigen. 23 fM, 5 fM in das hMg der Luftmaschenkette (29 M).

Rd 9a: 26 fM, 1 Zun, 2 fM (30 M).

Rd 10a und 11a: 30 fM (30 M).

Rd 12a: 6 fM, 1 Abn, (8 fM, 1 Abn) × 2, 2 fM (27 M).

Die Sicherheitsaugen zwischen den Rd 10a und 11a in die M 7 und 19 der Rd 10 einsetzen.

In Wollweiß: Den blauen Faden vernähen.

Rd 13a: 27 fM (27 M).

Rd 14a: (1 fM, 1 Abn, 6 fM) × 3 (24 M).

Rd 15a: 24 fM (24 M).

Mit dem Ausstopfen des Kopfs beginnen. Dann vor dem Schließen nach und nach fertig ausstopfen.

Rd 16a: (1 fM, 1 Abn, 1 fM) × 6 (18 M).

Rd 17a: (1 fM, 1 Abn) × 6 (12 M).

Rd 18a: 6 Abn (6 M).

Schließen und Faden vernähen.

HALS

An der markierten M der Rd 7a fortfahren.

Rd 7b: 1 Faden in Blaugrau in diese M einfädeln, 1 Lm und 1 fM in dieselbe M, 8 fM, 5 fM auf die andere Seite der Luftmaschenkette häkeln (vMg) (14 M).

Rd 8b: 2 fM, 1 Zun, 3 fM, 1 Zun, 7 fM (16 M).

Rd 9b: 9 fM, 1 Km, die anderen M der Rd nicht häkeln (16 M).

Den Faden auf einer Länge von 40 cm abschneiden.

Den Kopf und den Hals fertig ausstopfen.

Mithilfe einer Nähnadel und eines 50 cm langen Fadens aus Fellgarn die Mähne aufsticken. Mittig, 2 Rd über den Augen beginnen. Kleine, 3 bis 4 Rd hohe Linien entlang der gesamten Länge der Mähne bis zur vorletzten Rd des Halses sticken – mit kleinen Stichen zu sticken sorgt dafür, dass die Mähne fest am Kopf anliegt. Die zwei Fadenenden durch den Hals ziehen und verknoten. Mit einer Nadel mit runder Spitze oder einem feinen Kamm die Haare des Fellgarns anheben, um sie aufzurichten.

Wer sich eine vollere Mähne wünscht, kann eine zweite Fellgarnlinie aufsticken.

Den Kopf an den Körper nähen, wie beim Elterntier beschrieben (s. S. 34).

WANGEN (2-MAL)

In Altrosa: Spiralrunden häkeln mit der Häkelnadel 2,25 mm.

Rd 1: 6 fM in 1 Fadenring (6 M).

Den Faden auf einer Länge von 20 cm abschneiden und unsichtbar vernähen.

Die Wangen unterhalb der Augen leicht nach hinten versetzt anbringen auf die Maschen der Rd 8 bis 9 des Kopfs aufnähen.

OHREN (2-MAL)

In Blaugrau: Spiralrunden häkeln mit der Häkelnadel 2,25 mm.

Rd 1: 5 fM in 1 Fadenring (5 M).

Rd 2: 1 Zun, 4 fM (6 M).

Rd 3: (1 Zun, 1 fM) × 3 (9 M).

Rd 4: (1 fM, 1 Zun, 1 fM) × 3 (12 M).

Rd 5 bis 7: 12 fM (12 M).

Rd 8: 2 Abn, 8 fM (10 M).

Rd 9: 1 Abn, 6 fM, 1 Km, die letzte M nicht häkeln (10 M).

Das Ohr formen, indem die Abn nach innen gewölbt werden. Dann 3 M überspringen und 1 Km in die nächste M häkeln.

Den Faden auf einer Länge von 30 cm abschneiden. Den Faden in die 1. Abn von Rd 9, die gefalteten Mitte des Ohrs, einführen und ihn am Ohransatz herausziehen (um die Mitte des Ohrs beim Nähen zu fixieren).

Die Ohren an beiden Seiten der Mähne auf den Rd 6 bis 7 des Kopfs befestigen.

Zum Schluss, falls gewünscht, mit goldenem Garn kleine Vs auf die Kruppe des Esels sticken.

Die Igelfamilie

 **Elterntier** 6 Std. – **Baby** 1 Std. 45 Min.

 S. 8

Abmessungen

Ungefähre Höhe: Elterntier: 18 cm – Baby: 9 cm

Material

- 1 × Häkelnadel 2,50 mm und 1 × Häkelnadel 10,00 mm

Elterntier

- DMC Happy Cotton, 20 g, 43 m: Farbe 775 (Schwarz), 1 m; Farbe 761 (Wollweiß), 50 g; Farbe 764 (Babyrosa), 4 m, Farbe 773 (Beige), 28 g
- DMC Samara Lux Fur Effect, 100 g, 66 m: Farbe 403 (Braunmeliert), 60 g
- 2 Sicherheitsaugen, 10 mm

Baby

- DMC Happy Cotton, 20 g, 43 m: Farbe 775 (Schwarz), 1 m; Farbe 761 (Wollweiß), 6 g; Farbe 764 (Babyrosa), 1 m: Farbe 773 (Beige), 8 g
- DMC Samara Lux Fur Effect, 100 g, 66 m: Farbe 403 (Braunmeliert), 9 g
- DMC Perlgarn 5/M: Farbe 310 (Schwarz), 50 cm

HINWEISE

Der Igel wird zum Teil mit Fellgarn gehäkelt. Bei der Gestaltung wurde darauf geachtet, dass die Pelzteile recht einfach zu häkeln sind und dass sich der Körper aus Baumwolle und der Rücken aus Pelz leicht zusammennähen lassen. Garn mit Pelzeffekt stellt allerdings immer eine Herausforderung dar. Daher sollten Sie sich vor dem Häkeln der Igelfamilie gut mit den verschiedenen Techniken vertraut machen.

Der Beutel des erwachsenen Igels kann nach vorne geklappt werden. So lässt er sich nach Belieben zu einer Kugel zusammenrollen oder bietet Platz für das Baby.

ELTERNTIER

KÖRPER

Schnauze

In Schwarz: Spiralrunden häkeln mit der Häkelnadel 2,5 mm.

Rd 1: 6 fM in 1 Fadenring (6 M).

Rd 2: 6 fM (6 M).

In Beige: Schwarzen Faden vernähen.

Rd 3: (1 fM, 1 Zun) × 3 (9 M).

Rd 4: 9 fM (9 M).

Rd 5: (1 Zun, 2 fM) × 3 (12 M).

Rd 6: (1 Zun, 3 fM) × 3 (15 M).

Rd 7: (1 Zun, 4 fM) × 3 (18 M).

Rd 8: 1 fM, (2 Zun, 3 fM) × 3, 2 fM (24 M).

Rd 9: 2 fM, 2 Zun, 4 fM, 2 Zun, 6 fM, 2 Zun, 6 fM (30 M).

Rd 10: 3 fM, 1 Zun, 7 fM, 1 Zun, 8 fM, 1 Zun, 1 fM, in Wollweiß 8 fM (33 M).

Den beigen Faden vernähen.

Rd 11: 3 fM, 2 Zun, 8 fM, 1 Zun, 8 fM, 2 Zun, 9 fM (38 M).

Rd 12: 3 fM, 1 Km, die anderen M der Rd nicht häkeln (38 M)

Einen Maschenmarkierer an M 3 der Rd 12 setzen.

Den Faden mit 10 cm Überschuss abschneiden, unsichtbar im Häkelteil vernähen und auf der Rückseite verknoten.

Die Spitze der Schnauze fest ausstopfen.

Bauch und Körper

In Wollweiß: Spiralrunden häkeln mit der Häkelnadel 2,5 mm.

Rd 1: 8 fM in 1 Fadenring (8 M).

Rd 2: (3 fM in 1 M, 1 fM) × 4 (16 M).

Rd 3: (1 fM, 3 fM in 1 M, 2 fM) × 4 (24 M).

Rd 4: (2 fM, 3 fM in 1 M, 3 fM) × 2, (3 fM, 1 Zun) × 2, 4 fM (30 M).

Rd 5: (3 fM, 3 fM in 1 M, 4 fM) × 2, 4 fM, 1 Zun, 2 fM, 1 Zun, 6 fM (36 M).

Rd 6: (4 fM, 3 fM in 1 M, 5 fM) × 2, 4 fM, (1 Zun, 5 fM) × 2 (42 M).

Rd 7: 5 fM, 1 Zun. Die Schnauze am Bauch befestigen: Dazu die Häkelnadel von innen nach außen in die markierte M der Schnauze führen und in die nächste M des Bauchs, dann 1 fM häkeln. Weitere 11 fM häkeln und dabei in beide Häkelteile stechen. Nur am Bauch weiterhäkeln: 9 fM, 1 Zun, 4 fM, 1 Zun, 5 fM, 1 Zun, 3 fM (46 M).

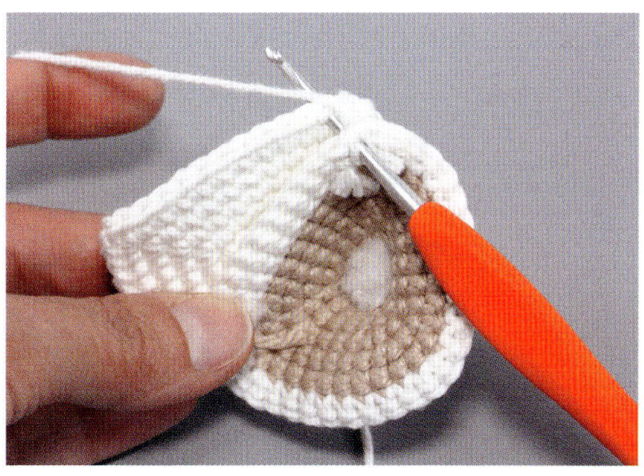

Nun um die Schnauze und den Bauch häkeln – nicht mehr in die 12 fM häkeln, an denen die beiden Teile verbunden wurden.

Rd 8: 7 fM. In die nächste freie M der Schnauze weiterhäkeln: 2 fM (3 fM, 1 Zun, 3 fM) × 3, 3 fM. In die nächste freie M des Bauchs weiterhäkeln: 6 fM, (3 fM, 1 Zun, 3 fM) × 3 (66 M).

Rd 9: [9 fM, (1 Zun, 7 fM) × 3] × 2 (72 M).

Die Sicherheitsaugen zwischen die letzte Rd der Schnauze und die Rd 8 des Körpers einsetzen, auf Höhe der M 15 und 30 der Rd 8.

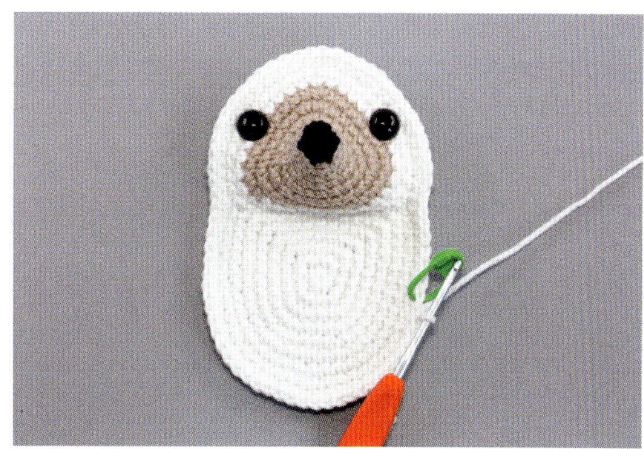

Rd 10: 10 fM, (4 fM, 1 Zun, 4 fM) × 3, 9 fM, (4 fM, 1 Zun, 4 fM) × 2, 4 fM, 1 Zun, 3 fM (78 M).

Rd 11: 10 fM, (7 fM, 1 Zun, 2 fM) × 3, 9 fM, (7 fM, 1 Zun, 2 fM) × 2, 7 fM, 1 Zun, 1 fM (84 M).

Rd 12: 10 fM, (2 fM, 1 Zun, 8 fM) × 3, 9 fM, (2 fM, 1 Zun, 8 fM) × 2, 2 fM, 1 Zun, 7 fM (90 M).

Rd 13: 1 Zun, 9 fM, (11 fM, 1 Zun) × 3, 9 fM, (11 fM, 1 Zun) × 2, 11 fM (96 M).

Rd 14: 11 fM, (5 fM, 1 Zun, 7 fM) × 3, 27 fM, 1 Zun, 18 fM (100 M).

Rd 15: 15 fM, 36 fM hMg, 16 fM, 1 Zun, 26 fM, 1 Zun, 5 fM (102 M).

Auf der Rd mit den sichtbar gebliebenen vMg die M 1 markieren.

Rd 16: 102 fM (102 M).

Rd 17: 6 fM, 9 fM hMg, 36 fM, 9 fM hMg, 42 fM (102 M).

Rd 18: 102 fM (102 M).

Rd 19: 6 fM hMg, 54 fM, 9 fM hMg, 30 fM, 3 fM hMg (102 M).

Rd 20: 102 fM (102 M).

Rd 21: 69 fM, 30 fM hMg, 3 fM (102 M).

Rd 22 bis 24: 102 fM (102 M).

Rd 25: 18 fM, 1 Abn, 26 fM, 1 Abn, 35 fM, 1 Abn, 17 fM (99 M).

Rd 26: 31 fM, 1 Abn, 34 fM, 1 Abn, 25 fM, 1 Abn, 3 fM (96 M).

Rd 27: (24 fM, 1 Abn) × 2, 33 fM, 1 Abn, 9 fM (93 M).

Rd 28: 2 fM, 1 Abn, (32 fM, 1 Abn) × 2, 21 fM (90 M).

Rd 29: 12 fM, (2 fM, 1 Abn, 8 fM) × 3, 9 fM, (2 fM, 1 Abn, 8 fM) × 2; 2 fM, 1 Abn, 5 fM (84 M).

Rd 30: 12 fM, (7 fM, 1 Abn, 2 fM) × 3, 9 fM, (7 fM, 1 Abn, 2 fM) × 2; 6 fM, 1 Abn (78 M).
Rd 31: 12 fM, (3 fM, 1 Abn, 5 fM) × 3, 9 fM, (3 fM, 1 Abn, 5 fM) × 2; 3 fM, 1 Abn, 2 fM (72 M).
Rd 32: 1 fM, 1 Abn, 9 fM, (7 fM, 1 Abn) × 3, 9 fM, (7 fM, 1 Abn) × 2, 6 fM (66 M).
Rd 33: 12 fM, (1 fM, 1 Abn, 5 fM) × 3, 9 fM, (1 fM, 1 Abn, 5 fM) × 2; 1 fM, 1 Abn, 2 fM (60 M).
Rd 34: 1 Abn, 10 fM, (4 fM, 1 Abn, 1 fM) × 3, 9 fM, (4 fM, 1 Abn, 1 fM) × 2, 4 fM (54 M).
Rd 35: 11 fM, (1 fM, 1 Abn, 3 fM) × 3, 9 fM, (1 fM, 1 Abn, 3 fM) × 2; 1 fM, 1 Abn, 1 fM (48 M).
Rd 36: 1 fM, 1 Abn, 9 fM, (3 fM, 1 Abn) × 3, 9 fM, (3 fM, 1 Abn) × 2, 2 fM (42 M).
Rd 37: 11 fM, (1 Abn, 2 fM) × 3, 9 fM, (1 Abn, 2 fM) × 2; 1 Abn (36 M).
Das Füllmaterial ein wenig zusammendrücken und die Schnauze damit ausstopfen. Dann den Körper leicht ausstopfen.
Rd 38: 1 Abn, 9 fM, (1 fM, 1 Abn) × 3, 9 fM, (1 fM, 1 Abn) × 2, 1 fM (30 M).
Rd 39: 1 Abn, 9 fM, 3 Abn, 9 fM, 2 Abn (24 M).
Rd 40: 11 fM, 1 Km, die anderen M der Rd nicht häkeln (24 M).
Den Faden auf einer Länge von 30 cm abschneiden. Den Igel fertig ausstopfen, dabei nicht zu viel Füllmaterial verwenden.
Die beiden gegenüberliegenden Kanten aneinandernähen, um die Häkelarbeit abzuschließen.

Mit Fellgarn arbeiten: Der Umgang mit Fellgarn ist nicht ganz einfach, aber mit etwas Geduld und einigen Tipps lassen sich der Rücken und der Beutel des Igels leicht häkeln. Wer weniger von diesem Garn verwenden möchte, kann auch nur den Rücken des Igels damit häkeln, ohne den Beutel.
Das Fellgarn wird zusammen mit dem glatten Garn in Beige gearbeitet. Dadurch sind die Maschen leichter erkennbar. Sie können auch ein Garn in einer Kontrastfarbe wählen, damit die Maschen noch besser zur Geltung kommen.
Am besten ist es jedoch, beim Häkeln auf den eigenen Tastsinn zu setzen. Wenn Sie mit dem Daumen über die Vorderseite der Arbeit und mit dem Zeigefinger über die Rückseite streichen, können Sie die Vertiefungen und Erhöhungen jeder M fühlen. Die Vertiefungen sind die Stellen, in die die Häkelnadel eingestochen wird. Nach jeder M mit dem Finger über die gerade gehäkelte M gleiten und die Häkelnadel in die nächstgelegene Vertiefung stechen, um die folgende M zu häkeln. Nach jeder R oder Rd sollten die M sorgfältig nachgezählt werden.
Bleibt die Arbeit einige Zeit liegen, sollte man notieren, bei welcher R oder Rd man stehen geblieben ist, da das Nachzählen schwierig sein kann.
Zu Beginn einen einfachen Fadenring machen. Bei Fellgarn ist es so gut wie unmöglich einen doppelten Fadenring zu schließen. Gelegentlich wird auch eine kurze Luftmaschenkette aus 2 M gehäkelt, von der die 1. M als Fadenring verwendet wird.
Die Form des Beutels ist ein wenig komplizierter als die Form des Rückens. Bei Verständnisproblemen ist es hilfreich, den Beutel zuerst nur mit Baumwollgarn zu häkeln, wie auf dem Foto gezeigt. So sehen Sie, was Sie tun und können die Anweisungen besser nachvollziehen.

RÜCKEN

Beutel

Mit der 10-mm-Häkelnadel gleichzeitig mit dem beigen Garn und dem braunmelierten Fellgarn häkeln. In R um den Halbkreis aus 3 M von R 1 häkeln.

Mit 2 Maschenmarkierern arbeiten, damit die erste und letzte M gut zu erkennen sind. Die 1. M jeder R markieren und jeden Maschenmarkierer an Ort und Stelle lassen, bis wieder in die jeweilige M gehäkelt wird.

R 1: 3 fM in 1 Fadenring, wenden (3 M).

R 2: 1 Lm, 3 Zun, wenden (6 M).

R 3: 1 Lm, (1 fM, 1 Zun) × 3, wenden (9 M).

R 4: 1 Lm, (1 fM, 1 Zun, 1 fM) × 3, wenden (12 M).

R 5: 1 Lm, (3 fM, 1 Zun) × 3, wenden (15 M).

R 6: 1 Lm, 5 fM, (1 Zun, 1 fM) × 3, 4 fM, wenden (18 M).

R 7: 1 Lm, 17 fM, 1 Zun. Die 1. und die vorletzte M der R markieren (19 M).

In die gleiche Richtung weiterhäkeln, ohne die Arbeit zu wenden – entgegen dem Uhrzeigersinn. Am Rand des Halbkreises entlanghäkeln. Darauf achten, recht feste M in diese letzten beiden R zu häkeln, damit der Beutel nicht zu locker wird.

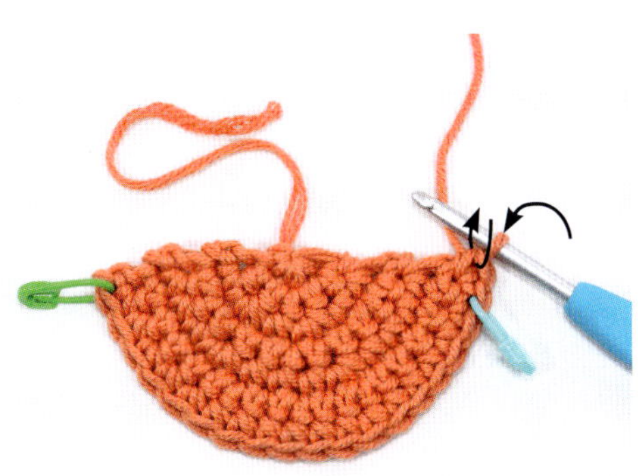

R 8: 11 fM, wenden (11 M).

R 9: 1 Lm; 12 fM (M 12 wird in die letzte M von R 7 gehäkelt); die 1. und die letzte M der R markieren (12 M).

Nun sitzen 4 Maschenmarkierer an der Häkelarbeit. Die Maschenmarkierer nicht entfernen, da sie im weiteren Verlauf als Orientierungspunkte dienen. Die Markierung der 1. M. von R 9 besonders kennzeichnen. Diese M dient später als Anfangsmasche für die Befestigung des Beutels am Rücken.

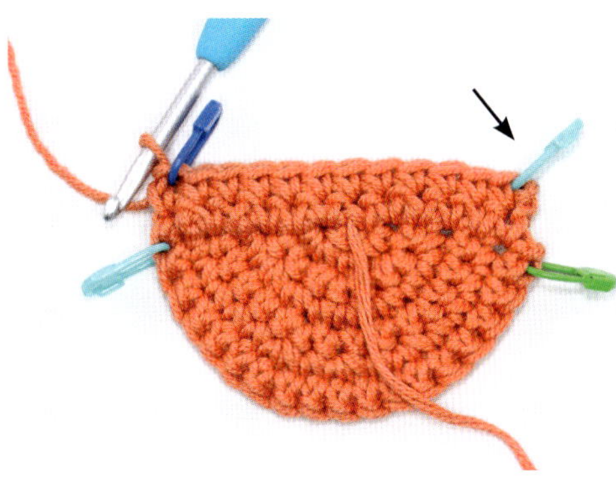

Die Fäden auf einer Länge von 10 cm abschneiden, unsichtbar verknoten, dann unter ein paar M führen und bündig abschneiden. Auf die gleiche Weise mit den Anfangsfäden verfahren.

Rücken

Mit der 10-mm-Häkelnadel gleichzeitig mit dem beigen Garn und dem braunmelierten Fellgarn häkeln. In Spiralrunden häkeln.

Rd 1: 6 fM in 1 Fadenring (6 M).

Rd 2: 6 Zun (12 M).

Rd 3: (1 fM, 1 Zun) × 6 (18 M).

Rd 4: (1 fM, 1 Zun, 1 fM) × 6 (24 M).

Rd 5: (3 fM, 1 Zun) × 6 (30 M).

Rd 6: (6 fM, 1 Zun, 7 fM, 1 Zun) × 2 (34 M).

Rd 7: 34 fM (34 M).

In Rd 8 wird der Beutel am Rücken befestigt. Hier ist es wichtig, sich Zeit zu lassen, um zuverlässig bei jedem Stich in die folgende M zu häkeln und nicht aus Versehen in dieselbe M. Sollten Sie am Ende der Rd merken, dass Sie sich vertan haben, zögern Sie nicht, die Arbeit wieder aufzutrennen.

Rd 8: Den Beutel so auf dem Rücken platzieren, dass der runde Teil des Beutelhalbkreises mit dem Rücken zusammengehäkelt werden kann. 1 fM in die markierte M des Beutels sowie in die folgende M des Körpers, 1 fM in das Loch, das vor dem nächsten Maschenmarkierer

auf dem Beutel spürbar ist und in die folgende M des Rückens, 1 fM in die nächste markierte M und die folgende M des Rückens, weitere 17 fM in beide Häkelteile, wobei M 17 in die nächste markierte M des Beutels gehäkelt wird. 1 fM in das Loch, das vor dem nächsten Maschenmarkierer des Beutels spürbar ist sowie in die folgende M des Rückens, 1 fM in die darauf folgende markierte M des Beutels und die folgende M des Rückens. Danach nur am Rücken weiterhäkeln: 11 fM, 1 Km (34 M).
Die letzte Km markieren.
Die Fäden mit 15 cm Überschuss abschneiden, unsichtbar im Häkelteil vernähen und auf der Rückseite verknoten, also nicht auf der Seite, wo sich der Beutel befindet.

Zusammenfügen

Etwa 1,3 Meter wollweißen Faden und eine Nähnadel zu Hand nehmen.
Den Pelzteil auf den Rücken des Igels legen. Der Beutel muss nach außen zeigen und die Maschenmarkierer der beiden Teile müssen einander gegenüberliegen.
Die sichtbar gebliebenen vMg des Körpers formen eine Linie, auf die die vMg der M der letzten Runde des Rückens genäht werden. Der Körper zählt 102 sichtbare vMg und die letzte R des Rückens 34 M. Jedes vMg des Pelzteils wird nun an 3 aufeinanderfolgende vMg des Körpers genäht.

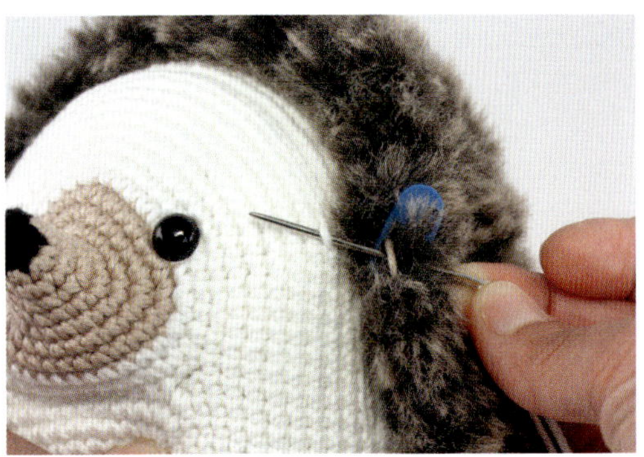

Die Naht mit den 2 M mit Markierung beginnen, dabei etwa 20 cm Anfangsfaden lassen, um ihn später vernähen zu können: * Von innen nach außen in das vMg der markierten M des Pelzteils stechen. Dabei darauf achten, dass die Nadel sowohl unter dem Fellgarn als auch unter dem Baumwollgarn durchgeführt wird. Dann in das markierte vMg des Körpers in Richtung Schnauze.
Einen 2. Stich machen, dabei in die gleiche M des Rückens und die folgende M des Körpers stechen. Dann einen 3. Stich machen, dabei wieder in die gleiche M des Rückens und dann in die folgende M des Körpers stechen. *
Die Schritte von * bis * um den gesamten Körper herum wiederholen. Die beiden Enden des Nähfadens verknoten, einziehen und abschneiden.

Tipp: Um sicherzustellen, dass in jede M des Rückenteils 3 Stiche gemacht werden, können Sie mehrere Maschenmarkierer verwenden, die jeweils in den folgenden M positioniert werden. Das Verschieben der Markierer während des Nähens hilft, Fehler zu vermeiden!

WANGEN (2-MAL)

In Babyrosa: Spiralrunden häkeln mit der Häkelnadel 2,5 mm.
Rd 1: 6 fM in 1 Fadenring (6 M).
Rd 2: 6 Zun (12 M).
Den Faden auf einer Länge von 30 cm abschneiden und unsichtbar vernähen.
Die Wangen links und rechts unterhalb der Augen annähen.

VORDERPFOTEN (2-MAL)

In Beige: Spiralrunden häkeln mit der Häkelnadel 2,5 mm.

Rd 1: 5 fM in 1 Fadenring (5 M).
Rd 2: 5 Zun (10 M).
Rd 3 bis 8: 10 fM (10 M).
Rd 9: 8 fM, 1 Abn (9 M).
Rd 10: 9 fM (9 M).
Rd 11: 4 fM, die anderen M der Rd nicht häkeln (9 M).

Die Pfote nicht ausstopfen. Nun die 2 Häkelränder der oberen Öffnung flach aneinanderdrücken und wie folgt zusammenhäkeln: Die Häkelnadel in die nächste M führen, von vorne nach hinten, und dann in die vorherige M, von hinten nach vorne, dann 1 fM häkeln. Weitere 3 fM in die beiden Ränder häkeln.

Den Faden auf einer Länge von 30 cm abschneiden.

Die Pfoten an der Verbindungslinie von Schnauze und Bauch seitlich an den Körper nähen. Die Fäden vernähen und abschneiden.

HINTERPFOTEN (2-MAL)

In Beige: Spiralrunden häkeln mit der Häkelnadel 2,5 mm.

Rd 1: 6 fM in 1 Fadenring (6 M).
Rd 2: 6 Zun (12 M).
Rd 3: (1 fM, 1 Zun) × 4, 4 fM (16 M).
Rd 4: (1 fM, 1 Zun, 1 fM) × 4, 4 fM (20 M).
Rd 5 und 6: 20 fM (20 M).
Rd 7: 1 fM, 1 Abn, 12 fM, 1 Abn, 3 fM (18 M).
Rd 8: (2 fM, 1 Abn, 1 fM) × 2, 3 fM, 1 Abn, 3 fM (15 M).
Rd 9: 3 fM, (1 Abn, 1 fM) × 3, 3 fM (12 M).
Rd 10: (1 fM, 1 Abn) × 3, 3 fM (9 M).
Rd 11: 2 fM, die anderen M der Rd nicht häkeln (9 M).

Die Pfote etwas fester ausstopfen als den Körper. Nun die 2 Häkelränder der oberen Öffnung flach aneinanderdrücken und wie folgt zusammenhäkeln: Die Häkelnadel in die nächste M führen, von vorne nach hinten, und dann in die vorherige Masche, von hinten nach vorne, dann 1 fM häkeln. 3 weitere fM in die beiden Kanten häkeln.

Den Faden auf einer Länge von 30 cm abschneiden.

Die Pfoten an der Körperunterseite auf Höhe der Naht von Rücken und Körper annähen. Vor dem Einziehen der Fäden überprüfen, dass der Igel aufrecht stehen bleibt.

BABY

KÖRPER

Schnauze

In Schwarz: Spiralrunden häkeln mit der Häkelnadel 2,5 mm.

Rd 1: 5 fM in 1 Fadenring (5 M).
Rd 2: 5 fM (5 M).
In Beige: Schwarzen Faden vernähen.
Rd 3: 1 Zun, 4 fM (6 M).
Rd 4: (1 fM, 3 fM in 1 M) × 3 (12 M).
Rd 5: 3 fM, 3 fM in 1 M, (2 fM, 3 fM in 1 M) × 2, 1 fM, **in Wollweiß** 1 fM (18 M).
Den beigen Faden vernähen.
Rd 6: 4 fM, 3 fM in 1 M, 1 fM, 1 Zun, (2 fM, 1 Zun) × 2, 1 fM, 3 fM in 1 M, 1 fM, 1 Km, nicht in die letzte M der Rd häkeln (25 M).

Einen Maschenmarkierer an M 4 der Rd 6 setzen.

Den Faden mit 10 cm Überschuss abschneiden, unsichtbar im Häkelteil vernähen und auf der Rückseite verknoten.

Die Spitze der Schnauze fest ausstopfen.

Bauch und Körper

In Wollweiß: Spiralrunden häkeln mit der Häkelnadel 2,5 mm.

Rd 1: 8 fM in 1 Fadenring (8 M).
Rd 2: (3 fM in 1 M, 1 fM) × 4 (16 M).
Rd 3: (1 fM, 3 fM in 1 M, 2 fM) × 4 (24 M).
Rd 4: 3 fM. Schnauze am Bauch befestigen: Die Häkelnadel von innen nach außen in die markierte M der Schnauze und in die gleiche M des

Bauchs führen, dann 1 fM häkeln. Weitere 6 fM häkeln und dabei in beide Häkelteile stechen. Nur am Bauch weiterhäkeln: 1 fM in dieselbe M, 7 fM, (1 Zun, 1 fM) × 2, 4 fM (28 M).

Nun um das Maul und den Bauch häkeln – nicht mehr in die 7 fM häkeln, an denen die beiden Teile verbunden wurden.

Rd 5: 2 fM, 1 Zun. In die nächste freie M der Schnauze einstechen und weiterhäkeln: 6 fM (1 Zun, 1 fM) × 3, 6 fM. In die nächste freie M des Bauchs weiterhäkeln: 1 Zun, 9 fM, 1 Zun, 7 fM (45 M).

Rd 6: 45 fM (45 M).

Mit schwarzem Perlgarn die Augen aufsticken: 2 kleine umgedrehte Vs auf die R 6 der Schnauze sticken.

Mit dem babyrosa Garn 2 kleine Linien am unteren äußeren Rand jedes Auges als Wangen sticken. Die Enden der verschiedenen Fäden auf der Rückseite verknoten und abschneiden.

Rd 7: 5 fM, 18 fM hMg, 21 fM, 1 fM hMg (45 M).

Auf der Rd mit den sichtbar gebliebenen vMg die M 1 markieren.

Rd 8: 5 fM hMg, 18 fM, 21 fM hMg, 1 fM (45 M).

Rd 9: 45 fM (45 M).

Rd 10: 13 fM, 1 Abn, 14 fM, 1 Abn, 12 fM, 1 Abn (42 M).

Rd 11: [6 fM, (3 fM, 1 Abn) × 3] × 2 (36 M).

Rd 12: [6 fM, (1 fM, 1 Abn, 1 fM) × 3] × 2 (30 M).

Rd 13: 7 fM, (1 fM, 1 Abn) × 3, 6 fM (1 fM, 1 Abn) × 2, 1 fM, 1 Abn in die letzte M der R und die 1. M (24 M).

Die nächste M als M 1 der nächsten Rd markieren.

Den Körper nun leicht ausstopfen.

Rd 14: (6 fM, 3 Abn) × 2 (18 M).

Rd 15: 8 fM, 1 Km, die anderen M der Rd nicht häkeln (18 M).

Den Faden auf einer Länge von 30 cm abschneiden. Den Igel fertig ausstopfen, dabei nicht zu viel Füllmaterial verwenden.

Die beiden gegenüberliegenden Kanten aneinandernähen, um die Häkelarbeit zu schließen.

RÜCKEN

Mit der 10-mm-Häkelnadel gleichzeitig mit dem beigen Garn und dem braunmelierten Fellgarn häkeln. In Spiralrunden häkeln.

Rd 1: 5 fM in 1 Fadenring (5 M).

Rd 2: 5 Zun (10 M).

Rd 3: (1 fM, 1 Zun) × 5 (15 M).

Rd 4: 14 fM, 1 Km (15 M).

Die letzte Km markieren.

Die Fäden mit 15 cm Überschuss abschneiden, unsichtbar im Häkelteil vernähen und auf der Rückseite verknoten.

ZUSAMMENFÜGEN

Etwa 1 Meter wollweißen Faden und eine Nähnadel zu Hand nehmen. Den Pelzteil auf den Rücken des Igels legen.

Wie in der Nähanleitung für den Rücken des Elterntiers vorgehen. Allerdings gibt es hier weniger M: 45 sichtbare vMg auf dem Körper und 15 M in der letzten Rd des Rückens.

VORDERPFOTEN (2-MAL)

In Beige: Spiralrunden häkeln mit der Häkelnadel 2,5 mm.

Rd 1: 5 fM in 1 Fadenring (5 M).

Rd 2 und 3: 5 fM (5 M).

Rd 4: 2 fM, die anderen M der Rd nicht häkeln (5 M).

Die Pfote ausstopfen. Nun die 2 Häkelränder der oberen Öffnung flach aneinanderdrücken und wie folgt zusammenhäkeln: Die Häkelnadel in die nächste M führen, von vorne nach hinten, und dann in die vorherige M, von hinten nach vorne, dann 1 fM häkeln. 1 weitere fM in die beiden Ränder häkeln.

Den Faden auf einer Länge von 20 cm abschneiden.

Die Pfoten an der Verbindungslinie von Schnauze und Bauch seitlich an den Körper nähen. Die Fäden einziehen und abschneiden.

HINTERPFOTEN (2-MAL)

In Beige: Spiralrunden häkeln mit der Häkelnadel 2,5 mm.

Rd 1: 6 fM in 1 Fadenring (6 M).

Rd 2: 1 fM, 2 Zun, 3 fM (8 M).

Rd 3: 8 fM (8 M).

Rd 4: 2 fM, 1 Abn, 4 fM (7 M).

Rd 5: 2 fM, die anderen M der Rd nicht häkeln (7 M).

Die Pfote ausstopfen. Nun die 2 Häkelränder der oberen Öffnung flach aneinanderdrücken und wie folgt zusammenhäkeln: Die Häkelnadel von vorne nach hinten in die nächste M führen, und dann in die vorherige M von hinten nach vorne, dann 1 fM häkeln. Weitere 2 fM in die beiden Ränder häkeln.

Den Faden auf einer Länge von 20 cm abschneiden.

Die Pfoten an der Körperunterseite auf Höhe der Naht von Rücken und Körper annähen. Die Fäden einziehen und abschneiden.

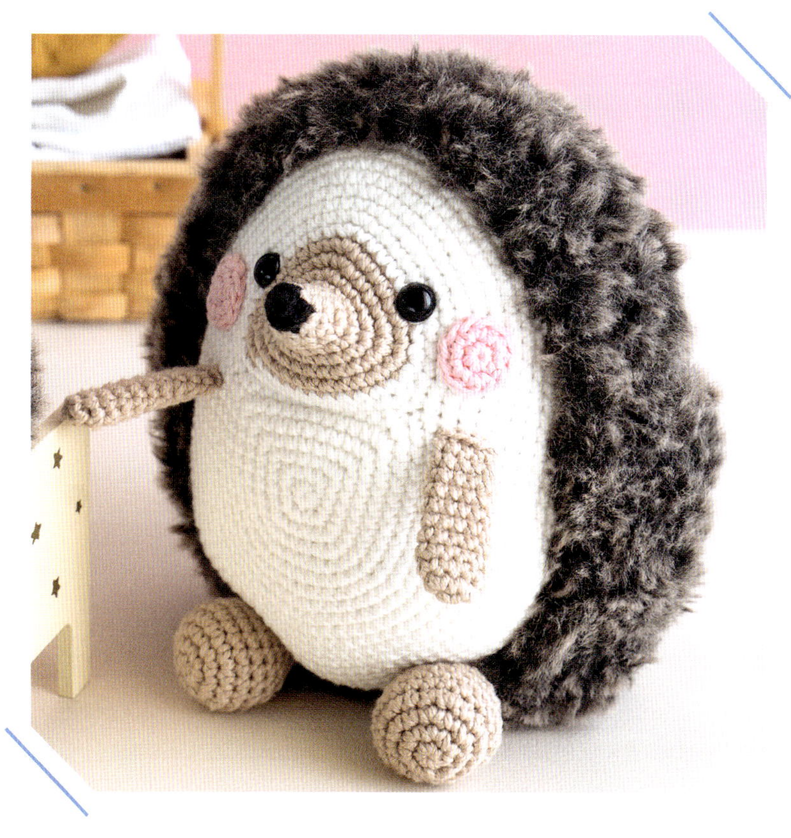

Die Kängurufamilie

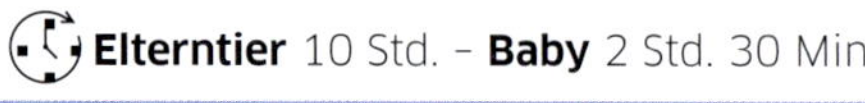
Elterntier 10 Std. – **Baby** 2 Std. 30 Min.

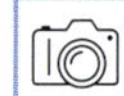
S. 10

Abmessungen

Ungefähre Höhe: Elterntier: 22 cm – Baby: 7 cm

Material

- 1 × Häkelnadel 2,50 mm

ELTERNTIER

- DMC Happy Cotton, 20 g, 43 m: Farbe 776 (Kamel), 14 g; Farbe 794 (Senfgelb), 60 g; Farbe 761 (Wollweiß), 28 g; Farbe 777 (Braun), 2 m, Farbe 760 (Hellrosa), 5 m
- DMC Perlgarn 5/M: Farbe 898 (Kaffeebraun), 1 m
- DMC Lumina Metallic, 20 g, 150 m: Farbe L3821 (Gold) 11 m. Bei den Ohren und den Vorderbeinen wird gleichzeitig mit 2 Fäden von 4 m Länge gehäkelt. Bei den Hinterbeinen wird gleichzeitig mit 3 Fäden von 1 m Länge gehäkelt.
- 2 schwarze Sicherheitsaugen, 10 mm
- 2 Pfeifenreiniger, 20 cm
- Kleine Flachzange oder Pinzette

Baby

- DMC Happy Cotton, 20 g, 43 m: Farbe 777 (Braun), 1 m; Farbe 761 (Wollweiß), 2 m; Farbe 776 (Kamel), 2 g; Farbe 787 (Vanille), 8 g, Farbe 760 (Hellrosa), 50 cm
- DMC Perlgarn 5/M: Farbe 310 (Schwarz), 1 m

HINWEISE

Bei diesem Modell wird häufig die Farbe gewechselt. Ich wechsele zwischen der Technik, bei der der Faden nicht abgeschnitten wird, wenn die gleiche Farbe ein paar M weiter wieder zum Einsatz kommt, und der Technik, bei der der Faden abgeschnitten und auf der Rückseite verknotet wird.

Achten Sie darauf, Vorder- und Rückseite der Häkelarbeit nicht zu verwechseln, sonst kommt es beim Zusammenfügen der Teile zu Schwierigkeiten. Die Vorderseite muss immer nach außen zeigen, es sei denn, es wird etwas anderes angegeben.

ELTERNTIER

KOPF

In Wollweiß: Spiralrunden häkeln.

Rd 1: 7 fM in 1 Fadenring (7 M).

Rd 2: 7 Zun (14 M).

Rd 3: (1 Zun, 1 fM) × 7 (21 M).

Rd 4: 8 fM, **in Kamel** 5 fM, in Wollweiß 8 fM (21 M).

Rd 5: 6 fM, 1 Zun, 1 fM, in Kamel 2 fM, 1 Zun, 2 fM, in Wollweiß 1 fM, 1 Zun, 6 fM (24 M).

Rd 6: 8 fM, in Kamel 9 fM, in Wollweiß 7 fM (24 M).

Rd 7: 7 fM, in Kamel 11 fM, in Wollweiß 6 fM (24 M).

Rd 8: 1 Zun, 3 fM, in Kamel (1 Zun, 3 fM) × 4, 1 Zun, in Wollweiß 3 fM (30 M).

Rd 9: 5 fM, in Kamel 22 fM, in Wollweiß 3 fM (30 M).

Rd 10: 5 fM, **in Senfgelb** 3 fM, 1 Zun, 1 fM, 1 Zun, in Kamel 1 fM, 1 Zun, in Senfgelb (1 fM, 1 Zun) × 3, 1 fM, in Kamel 1 Zun, 1 fM, in Senfgelb 1 Zun, 1 fM, 1 Zun, 3 fM, in Wollweiß 2 fM (39 M).
Rd 11: 5 fM, in Senfgelb 2 fM, (1 fM, 1 Zun, 1 fM) × 2, in Kamel 1 fM, 1 Zun, 1 fM, in Senfgelb (1 fM, 1 Zun, 1 fM) × 3, 1 fM, in Kamel 1 Zun, 2 fM, in Senfgelb (1 Zun, 2 fM) × 2, 2 fM, in Wollweiß 2 fM (48 M).
Rd 12: 5 fM, in Senfgelb 10 fM, in Kamel 4 fM, in Senfgelb: 2 fM, (1 Zun, 3 fM) × 2, 1 Zun, 2 fM, in Kamel 4 fM, in Senfgelb 10 fM, in Wollweiß 2 fM (51 M).
Die Augen zwischen den Rd 10 und 11 in die M 15 und 28 der Rd 10 einsetzen.
Rd 13 bis 15: 5 fM, in Senfgelb 45 fM, in Wollweiß 1 fM (51 M).
Rd 16: 5 fM, in Senfgelb: 46 fM (51 M).
Rd 17 und 18: 51 fM (51 M).
Rd 19: (2 fM, 1 Abn, 13 fM) × 3 (48 M).
Rd 20: 48 fM (48 M).
Rd 21: (7 fM, 1 Abn, 7 fM) × 3 (45 M).
Rd 22: 45 fM (45 M).
Rd 23: (1 Abn, 13 fM) × 3 (42 M).
Rd 24: (6 fM, 1 Abn, 6 fM) × 3 (39 M).
Rd 25: (1 Abn, 11 fM) × 3 (36 M).
Mit dem Ausstopfen beginnen, dabei ausreichend Füllmaterial in die Schnauze geben.
Rd 26: (2 fM, 1 Abn, 2 fM) × 6 (30 M).
Rd 27: (3 fM, 1 Abn) × 6 (24 M).
Rd 28: (1 fM, 1 Abn, 1 fM) × 6 (18 M).
Weiter ausstopfen.
Rd 29: (1 fM, 1 Abn) × 6 (12 M).
Rd 30: 6 Abn (6 M).
Fertig ausstopfen und schließen.

OHREN (2-MAL)

1. Teil

In Wollweiß: Spiralrunden um die Luftmaschenkette häkeln.
Rd 1: 1 Luftmaschenkette mit 6 Lm häkeln. 4 fM, dabei bei der 2. M von der Häkelnadel aus beginnen. In die Endmasche der Luftmaschenkette 3 fM häkeln. Auf der anderen Seite der Luftmaschenkette weiterhäkeln: 3 fM, 1 Zun (12 M).
Rd 2: 1 Zun, 3 fM, 3 Zun, 3 fM, 2 Zun (18 M).
Rd 3: 6 fM, 3 Zun, 9 fM (21 M).
Rd 4: 8 fM, 2 Zun, 11 fM (23 M).
In Gold, mit 2 Fäden:
Rd 5: 4 fM, 1 Zun, 5 fM, 2 Zun, 5 fM, 1 Zun, 4 fM, 1 Km (27 M).
Einen Maschenmarkierer an M 26 der Rd 5 setzen.
Den Faden auf einer Länge von 10 cm abschneiden. Unsichtbar vernähen und auf der Rückseite verknoten.

2. Teil

In Senfgelb: Spiralrunden um die Luftmaschenkette häkeln.
Rd 1: 1 Luftmaschenkette mit 7 Lm häkeln. 5 fM, dabei bei der 2. M von der Häkelnadel aus beginnen. In die Endmasche der Luftmaschenkette 3 fM häkeln. Auf der anderen Seite der Luftmaschenkette weiterhäkeln: 4 fM, 1 Zun (14 M).
Rd 2: 1 Zun, 4 fM, 3 Zun, 4 fM, 2 Zun (20 M).
Rd 3: 6 fM, (1 fM, 1 Zun) × 3, 8 fM (23 M).
Rd 4: 9 fM, 2 Zun, 12 fM (25 M).
Rd 5: 11 fM, 1 Zun, 13 fM (26 M).
Rd 6: 12 fM, 1 Zun, 13 fM (27 M).
Den wollweißen Teil und den gelben Teil Rückseite an Rückseite ineinanderlegen und nun eine letzte Rd in die Maschen beider Teile häkeln.
Rd 7: Die Häkelnadel in die nächste M des gelben Teils und die markierte M des wollweißen Teils stechen, 1fM häkeln. Beide Teile weiter zusammenhäkeln: 12 fM, 2 Lm, 1 Km in die 2. M von der Häkelnadel aus, 13 fM, 1 Km (27 M).
Den Faden auf einer Länge von 30 cm abschneiden. Unsichtbar vernähen und ein Stück Garn für die Naht belassen.

WANGEN (2-MAL)

In Hellrosa: Spiralrunden um die Luftmaschenkette häkeln.

Rd 1: 4 Lm, 2 fM, dabei bei der 2. M von der Häkelnadel aus beginnen. In die Endmasche der Luftmaschenkette 3 fM häkeln. Auf der anderen Seite der Luftmaschenkette weiterhäkeln: 1 fM, 1 Zun (8 M).

Rd 2: 1 Zun, 1 fM, 3 Zun, 1 fM, 2 Zun (14 M).

Den Faden auf einer Länge von 40 cm abschneiden und unsichtbar vernähen.

Tipp: Achten Sie darauf, die Km in den Rd 4 bis 25 nicht zu fest zu häkeln, damit die Arbeit nicht zu sehr zusammengezogen wird. Sie müssen so locker sein, dass sie die gleiche Breite wie die fM haben.

SCHWANZ

In Senfgelb: Spiralrunden häkeln.

Rd 1: 5 fM in 1 Fadenring (5 M).

Rd 2: 1 Zun, 4 fM (6 M).

Rd 3: (1 Zun, 1 fM) × 3 (9 M).

Rd 4: 3 fM, 3 Km hMg, 3 fM (9 M).

Rd 5: 3 fM, 3 fM in die 3 vMg der Rd 3, die sichtbar geblieben sind, 3 fM (9 M).

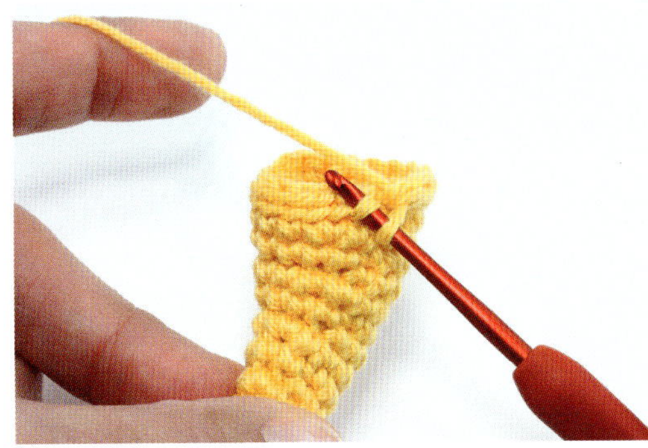

Rd 6: (1 fM, 1 Zun, 1 fM) × 3 (12 M).

Rd 7: 4 fM, 5 Km hMg, 3 fM (12 M).

Rd 8: 4 fM, 5 fM in die 5 vMg der Rd 6, die sichtbar geblieben sind, 3 fM (12 M).

Das Schwanzende ausstopfen. Den Rest nach und nach ausstopfen.

Rd 9: (1 Zun, 3 fM) × 3 (15 M).

Rd 10: 6 fM, 6 Km hMg, 3 fM (15 M).

Rd 11: 6 fM, 6 fM in die 6 vMg der Rd 9, die sichtbar geblieben sind, 3 fM (15 M).

Rd 12: (2 fM, 1 Zun, 2 fM) × 3 (18 M).

Rd 13: 7 fM, 8 Km hMg, 3 fM (18 M).

Rd 14: 7 fM, 8 fM in die 8 vMg der Rd 12, die sichtbar geblieben sind, 3 fM (18 M).

Rd 15: (1 Zun, 5 fM) × 3 (21 M).

Rd 16: 10 fM, 8 Km hMg, 3 fM (21 M).

Rd 17: 10 fM, 8 fM in die 8 vMg der Rd 15, die sichtbar geblieben sind, 3 fM (21 M).

Rd 18: (3 fM, 1 Zun, 3 fM) × 3 (24 M).

Rd 19: 12 fM, 8 Km hMg, 4 fM (24 M).

Rd 20: 12 fM, 8 fM in die 8 vMg der Rd 18, die sichtbar geblieben sind, 4 fM (24 M).

Rd 21: (1 Zun, 7 fM) × 3 (27 M).

Rd 22: 14 fM, 9 Km hMg, 4 fM (27 M).

Rd 23: 14 fM, 9 fM in die 9 vMg der Rd 21, die sichtbar geblieben sind, 4 fM (27 M).

Rd 24: 27 fM (27 M).

Rd 25: 14 fM, 9 Km hMg, 4 fM (27 M).

Rd 26: 14 fM, 9 fM in die 9 vMg der Rd 24, die sichtbar geblieben sind, 4 fM (27 M).

Rd 27: 26 fM, 1 Km (27 M).

Einen Maschenmarkierer an M 10 der Rd 27 setzen. Den Faden mit 10 cm Überschuss abschneiden, unsichtbar vernähen und auf der Rückseite verknoten.

BEUTEL

In Wollweiß: Spiralrunden häkeln.

Rd 1: 7 fM in 1 Fadenring (7 M).

Rd 2: 7 Zun (14 M).

Rd 3: (1 fM, 1 Zun, 1 fM) × 3, 3 fM in 1 M, 3 fM, 3 fM in 1 M (21 M).

Rd 4: (3 fM, 1 Zun) × 3, 1 fM, 3 fM in 1 M, 5 fM, 3 fM in 1 M, 1 fM (28 M).

Rd 5: (2 fM, 1 Zun, 2 fM) × 3, 2 fM, 3 fM in 1 M, 7 fM, 3 fM in 1 M, 2 fM (35 M).

Rd 6: 6 fM, 1 Zun, 13 fM, 1 Zun, die folgenden M ins vMg häkeln: 2 fM, 1 Abn, 3 fM, 1 Abn, 2 fM, nun wieder in beide Maschenglieder häkeln: 1 Zun, 2 fM (36 M).

15 cm wollweißes Garn nehmen und ein Ende fest an das hMg von M 28 der Rd 6 knoten (auf der Rückseite). Dieser Faden wird später an den Unterkörper des Kängurus geknotet und hilft, den Beutel an Ort und Stelle zu halten.

Rd 7: 1 Zun, 12 fM, 1 Zun, 9 fM, 1 Zun, 7 fM, 1 Zun, 4 fM (40 M).

Rd 8: 10 fM, 1 Zun, 17 fM, 1 Abn, 2 fM, 1 Abn, 6 fM (39 M).

Rd 9: 2 fM, 1 Zun, 17 fM, 1 Zun, 18 fM (41 M).

Rd 10: 9 fM, 1 Zun, 31 fM (42 M).

Rd 11: 5 fM, 1 Zun, 14 fM, 1 Zun, 7 fM, 1 Zun, 10 fM, 1 Zun, 2 fM (46 M).

Rd 12: 17 fM, 1 Zun, 15 fM, 1 Abn, 4 fM, 1 Abn, 5 fM (45 M).

Rd 13: 14 fM, 1 Zun, 30 fM (46 M).

Rd 14: 32 fM, 1 Zun, 11 fM, 1 Zun, 1 fM (48 M).

Rd 15 bis 17: 48 fM (48 M).

Rd 18: 1 Km, die anderen M der Rd nicht häkeln (48 M).

Einen Maschenmarkierer an M 33 der Rd 17 setzen. Den Faden mit 10 cm Überschuss abschneiden, unsichtbar vernähen und auf der Rückseite verknoten. Die Häkelarbeit wenden, sodass die Rückseite der M nach außen zeigt.

VORDERBEINE (2-MAL)

In Kamel: Spiralrunden häkeln. Die Vorderbeine nicht ausstopfen.

Rd 1: 6 fM in 1 Fadenring (6 M).

Rd 2: 6 Zun (12 M).

Rd 3: 12 fM (12 M).

Rd 4: 10 fM, 1 Abn (11 M).

Rd 5: 11 fM (11 M).

In Gold, mit 2 Fäden:

Rd 6: 11 fM (11 M).

In Senfgelb: Die Fäden in Kamel und Gold vernähen.

Rd 7: 11 fM (11 M).

Rd 8: 9 fM, 1 Abn (10 M).

Rd 9 bis 18: 10 fM (10 M).

Rd 19: 1 fM, 1 Abn, 7 fM (9 M).

Rd 20: 9 fM (9 M).

Rd 21: 6 fM, die anderen M der Rd nicht häkeln (9 M).

Nun die 2 Häkelränder der oberen Öffnung flach aneinanderdrücken und wie folgt zusammenhäkeln: Die Häkelnadel von vorne nach hinten in die nächste M führen und dann in die vorherige M von hinten nach vorne. Dann 1 fM häkeln. Weitere 3 fM in die beiden Ränder häkeln.

Den Faden auf einer Länge von 30 cm abschneiden.

HINTERBEINE (2-MAL)

In Kamel: Spiralrunden häkeln.

Rd 1: 8 fM in 1 Fadenring. Den Anfangsfaden nicht abschneiden (8 M).

Rd 2: 8 Zun (16 M).

Rd 3: 16 fM (16 M).

Die Häkelarbeit nun in 2 Teile teilen, um zuerst die Pfote und dann den Oberschenkel zu häkeln. Hierfür einen Maschenmarkierer an M 1 der Rd 3 setzen. Er stellt den Anfangspunkt der Rd 4b dar. Dann 1 Luftmaschenkette mit 2 Lm häkeln, 8 M überspringen (inklusive der markierten Masche) und die Rd 4a an der folgenden M beginnen.

1. Teil: Pfote

Rd 4a: 1 fM in M 9 der Rd 3, diese M als M 1 der Rd 4a markieren, 7 fM, 2 fM in die unteren Maschenglieder der eben gefertigten Luftmaschenkette aus 2 Lm (10 M).

Rd 5a und 6a: 10 fM (10 M).

Rd 7a: 9 fM, 1 Zun (11 M).

Rd 8a: (1 Zun, 1 fM) × 2, 3 fM, 1 Zun, 3 fM (14 M).

Rd 9a: 2 fM, 2 Zun, 2 fM, 1 Abn, 2 fM, 2 Zun, 2 fM (17 M).

Rd 10a: 1 Zun, 16 fM (18 M).

Rd 11a bis 13a: 18 fM (18 M).
Rd 14a: (1 Zun, 2 fM) × 2, 9 fM, 1 Zun, 2 fM (21 M).
Rd 15a: 21 fM (21 M).
Rd 16a: (1 Abn, 2 fM) × 2, 9 fM, 1 Abn, 2 fM (18 M).
Mit dem Ausstopfen beginnen.
Rd 17a: 3 Abn, 6 fM, 3 Abn (12 M).
Rd 18a: 6 Abn (6 M).
Fest fertig ausstopfen. Darauf achten, dass die Unterseite der Pfote flach ist. Den Faden mit 10 cm Überschuss abschneiden. Das Häkelstück noch nicht schließen.
Einen Pfeifenreiniger oder einen anderen Draht benutzen, damit die Hinterbeine stabiler stehen. Einen 20 cm langen Pfeifenreiniger nehmen und an jedem Ende 1 cm umbiegen. Danach das verbleibende Stück in drei gleichlange Teile biegen und verdrehen. In der Mitte biegen, sodass ein 90-Grad-Winkel entsteht.
Mit einer kleinen Zange oder einer Pinzette etwas Füllmaterial durch die Öffnung der Pfote entfernen. Den verdrehten Pfeifenreiniger so in die Pfote einführen, dass der Knick des Pfeifenreinigers auf Höhe der Öffnung im Knick der Pfote sitzt. Mit der Zange oder Pinzette so viel Füllmaterial um den Pfeifenreiniger platzieren, dass der 1. Teil der Pfote fest ausgestopft ist. Wenn nötig, weiteres Füllmaterial ins Ende der Pfote geben und diese mit dem 10 cm langen Faden verschließen.

2. Teil: Oberschenkel

Einen Faden in Kamel in die zuvor markierte M der Rd 3 einführen. 1 Lm häkeln und die Rd 4b durch Häkeln in dieselbe M beginnen. Den Anfangsfaden mit dem des zuvor gemachten Fadenrings verknoten.
Rd 4b: 8 fM, 2 fM in die oberen Maschenglieder der zuvor gehäkelten Luftmaschenkette aus 2 Lm, gegenüber der M der Rd 4a (10 M).
Rd 5b: 10 fM (10 M).

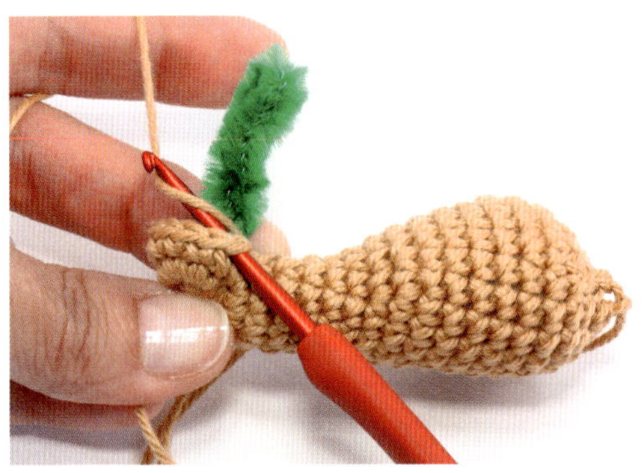

Den Knick der Pfote fest um den Pfeifenreiniger herum ausstopfen.
Rd 6b: 10 fM (10 M).
Rd 7b: 3 fM, 2 Zun, 5 fM (12 M).
Weiter fest ausstopfen.
In Gold, mit 3 Fäden:
Rd 8b: 12 fM (12 M).
In Senfgelb: Die Fäden in Kamel und Gold vernähen.
Rd 9b: (1 fM, 1 Zun, 2 fM) × 3 (15 M).
Rd 10b: (4 fM, 1 Zun) × 3 (18 M).
Ein letztes Mal fest ausstopfen. Der Rest des Beins wird etwas lockerer ausgestopft.
Rd 11b: 3 fM, (2 fM, 1 Zun) × 3, 6 fM (21 M).
Rd 12b: 5 fM, (2 fM, 1 Zun) × 3, 7 fM (24 M).
Rd 13b: (1 Zun, 7 fM) × 3 (27 M).
Rd 14b bis 16b: 27 fM (27 M).
Rd 17b: 1 fM, 1 Abn, 9 fM, 1 Abn, 2 fM, 1 Abn, 9 fM (24 M).
Rd 18b: 2 fM, 1 Abn, 8 fM, 1 Abn, 8 fM, 1 Abn (21 M).
Rd 19b: 1 Abn, 7 fM, 1 Abn, 1 fM, 1 Abn, 7 fM (18 M).
Den Oberschenkel so locker ausstopfen, dass er relativ flach und formbar bleibt.
Rd 20b: (1 fM, 1 Abn) × 6 (12 M).
Rd 21b: 6 Abn (6 M).
Fertig ausstopfen. Faden auf einer Länge von 50 cm abschneiden, den Oberschenkel verschließen und den Faden zum Annähen des Beins belassen.

KÖRPER

In Senfgelb: Spiralrunden um die Luftmaschenkette häkeln.

Rd 1: 1 Luftmaschenkette mit 9 Lm häkeln, dabei einen 10 cm langen Anfangsfaden lassen, dann 1 Zun und 6 fM, dabei bei der 2. M von der Häkelnadel aus beginnen. In die Endmasche der Luftmaschenkette 3 fM häkeln. Auf der anderen Seite der Luftmaschenkette weiterhäkeln: 7 fM (18 M).

Rd 2: 2 Zun, 6 fM, 3 Zun, 6 fM, 1 Zun (24 M).

Rd 3: (1 fM, 1 Zun) × 2, 6 fM, (1 fM, 1 Zun) × 3, 7 fM, 1 Zun (30 M).

Rd 4: (1 Zun, 2 fM) × 2, 6 fM, (1 Zun, 2 fM) × 3, 6 fM, 1 Zun, 2 fM (36 M).

Rd 5: (3 fM, 1 Zun) × 2, 6 fM, (3 fM, 1 Zun) × 3, 9 fM, 1 Zun (42 M).

Rd 6: 1 fM, 1 Zun, 14 fM, (1 fM, 1 Zun, 3 fM) × 3, 11 fM (46 M).

Rd 7: 7 fM, 1 Zun, 9 fM, (4 fM, 1 Zun, 1 fM) × 3, 7 fM, 1 Zun, 3 fM (51 M).

Rd 8: 4 fM, 1 Zun, 13 fM, (1 fM, 1 Zun, 5 fM) × 3, 12 fM (55 M).

Rd 9: 11 fM, 1 Zun, 41 fM, 1 Zun, 1 fM (57 M).

In Rd 10 wird der Schwanz mit dem Körper verbunden.

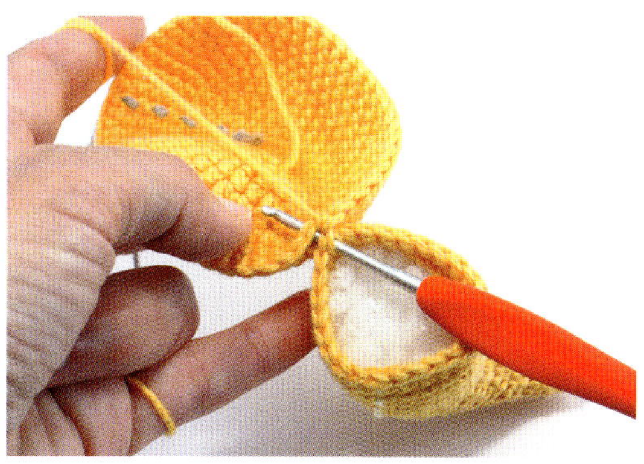

Rd 10: 1 fM, 1 Zun, 27 fM. Den Schwanz befestigen: Die Häkelnadel von innen nach außen in die markierte M des Schwanzes führen und in die nächste M des Körpers, dann 1 fM häkeln. Weitere 7 fM häkeln und dabei in beide Häkelteile stechen. Nur am Körper weiterhäkeln: 20 fM (58 M).

Nun wird um den Körper und den Schwanz herumgehäkelt, als wäre es nur ein Häkelstück. In die 8 fM, die zum Befestigen des Schwanzes dienten, wird nicht mehr gehäkelt.

Rd 11: 9 fM, 1 Zun, 20 fM. Um den Schwanz herum häkeln: 19 fM. Am Körper weiterhäkeln: 14 fM, 1 Zun, 5 fM (71 M).

Rd 12: 71 fM (71 M).

Rd 13: 30 fM, 1 Abn, 17 fM, 1 Abn, 20 fM (69 M).

Rd 14: 69 fM (69 M).

Rd 15: 30 fM, 1 Abn, 15 fM, 1 Abn, 20 fM (67 M).

Rd 16 und 17: 67 fM (67 M).

Rd 18: 56 fM, 1 Zun. Den Beutel im Körper platzieren. 1 fM in die folgende M des Körpers und in die markierte M des Beutels häkeln – von hinten nach vorne, da sich die Rückseite der M auf der Außenseite des Beutels befinden muss. Weitere 9 fM in beide Häkelteile häkeln (68 M).

Weitere 22 fM in beide Teile häkeln.

Den am Anfang des Körpers belassenen Faden und den Faden, der an der Außenseite des Beutels befestigt ist, im Inneren des Körpers zusammenknoten und fest anziehen. Dies ist wichtig, damit der Beutel auch mit dem Füllmaterial an Ort und Stelle bleibt.

Nur am Körper weiterhäkeln. Die nächste M wird zur M 1 der Rd 19:

Rd 19: 35 fM, 1 Zun. **In Wollweiß** von innen nach außen in die freigebliebenen 16 M des Beutels häkeln: 16 fM (53 M).

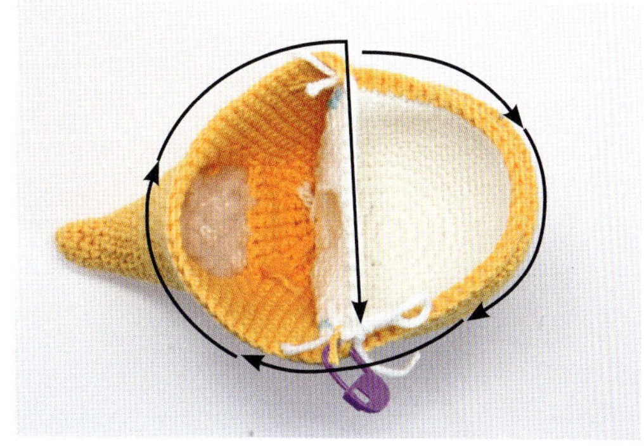

Mit einem kurzen wollweißen Faden 3 vertikale Nähstiche machen (auf dem Foto in Blau,

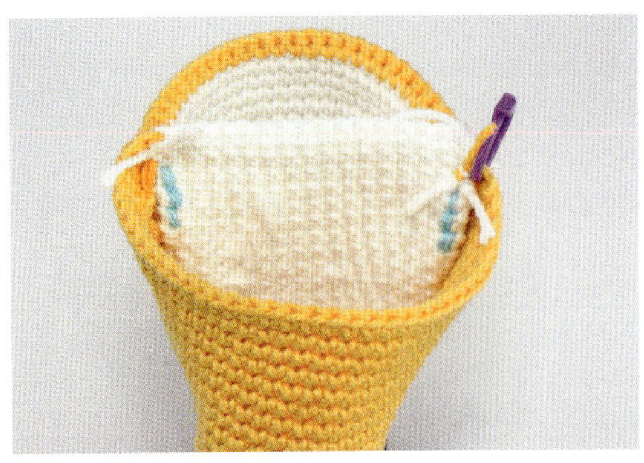

um die Falte des Beutels an dieser Stelle zu betonen: Den Beutel andrücken und beidseitig auf 1 M Breite durch die beiden Lagen stechen. Danach dem Körper weiter um die M der Rd 19 häkeln, nicht mehr um die Außenseite des Beutels.

Rd 20: in Senfgelb 1 Zun, 34 fM, 1 Abn, in Wollweiß 16 fM (53 M).

Rd 21: in Senfgelb (1 Abn, 16 fM) × 2, 1 fM, in Wollweiß 16 fM (51 M).

Rd 22: in Senfgelb 35 fM, in Wollweiß 16 fM (51 M).

Rd 23: in Senfgelb (8 fM, 1 Abn, 7 fM) × 2, 2 fM, in Wollweiß 6 fM, 1 Abn, 7 fM (48 M).

Rd 24: in Senfgelb (4 fM, 1 Abn, 10 fM) × 2, 2 fM, in Wollweiß 2 fM, 1 Abn, 10 fM (45 M).

Rd 25: in Senfgelb (10 fM, 1 Abn, 3 fM) × 2, 2 fM, in Wollweiß 8 fM, 1 Abn 3 fM (42 M).

Rd 26: in Senfgelb 30 fM, in Wollweiß 12 fM (42 M).

Mit dem Ausstopfen des Körpers beginnen. Das obere Ende des Schwanzes und der untere Teil des Körpers sollten gut ausgestopft werden. Der Bauch sollte jedoch nicht zu gewölbt wirken. Der Körper sollte nicht zu dicht ausgestopft werden, damit im Beutel noch Platz für das Baby bleibt.

Rd 27: in Senfgelb (6 fM, 1 Abn, 6 fM) × 2, 2 fM, in Wollweiß 4 fM, 1 Abn, 6 fM (39 M).

Rd 28: in Senfgelb (1 Abn, 11 fM) × 2, 1 Abn, 1 fM, in Wollweiß 10 fM (36 M).

Rd 29: in Senfgelb (2 fM, 1 Abn, 8 fM) × 2, 2 fM, in Wollweiß 1 Abn, 8 fM (33 M).

Weiter ausstopfen.

Rd 30: in Senfgelb (7 fM, 1 Abn, 2 fM) × 2, 2 fM, in Wollweiß 5 fM, 1 Abn, 2 fM (30 M).

Rd 31: in Senfgelb (4 fM, 1 Abn, 4 fM) × 2, 2 fM, in Wollweiß 2 fM, 1 Abn, 4 fM (27 M).

Rd 32: in Senfgelb (1 Abn, 7 fM) × 2, 1 Abn, in Wollweiß 7 fM (24 M).

Rd 33: in Senfgelb 17 fM, in Wollweiß 7 fM (24 M).

Rd 34: 14 fM, 1 Km, die anderen M der Rd nicht häkeln (24 M).

Den Faden auf einer Länge von 40 cm abschneiden. Fertig ausstopfen.

ZUSAMMENFÜGEN

Mit dem braunen Garn die Nase auf Rd 2 und 3 des Kopfs sticken. Hierfür ein Dreieck aus mehreren vertikalen Stichen sticken und mit einem horizontalen Stich darüber abschließen, wie auf dem Schema gezeigt.

Dann mit dem braunen Garn die Augenbrauen auf Rd 13 aufsticken (3 bis 4 M breit).

Mit dem kaffeebraunen Perlgarn einen vertikalen Stich von der Unterseite der Nase sticken, der zwischen den Rd 2 und 3 unter dem anfänglichen Fadenring endet. Dann den lächelnden Mund aus zwei weiteren Stichen auf jede Seite sticken.

Beide Ohren an die Rd 16 bis 20 des Kopfs nähen.

Die Wangen seitlich unterhalb der Augen an die Rd 13 bis 18 des Kopfs nähen.

Den Körper an die Rd 16 bis 22 des Kopfs nähen. Falls nötig, vor dem vollständigen Zunähen ein wenig Füllmaterial hinzufügen.

Die Vorderbeine beidseitig an die Rd 30 bis 32 des Körpers nähen.

Am Schluss die Hinterbeine beidseitig an die Rd 7 bis 19 des Körpers nähen. Lassen Sie sich Zeit beim Zusammenfügen: Es ist wichtig, die richtigen Positionen zu finden, damit das Känguru aufrecht steht. Es kann auch sinnvoll sein, mit dem Annähen der Beine zu warten, bis das Baby fertig gehäkelt ist. So können Sie sicher-

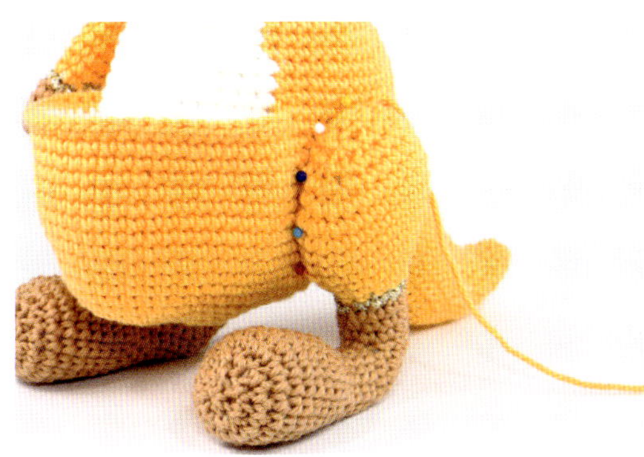

stellen, dass das Elterntier mit dem Baby im Beutel nicht umfällt. Die Beine mit einer Stecknadel befestigen, prüfen, ob das Tier stabil steht und falls nötig Anpassungen vornehmen. Die Beine müssen so festgesteckt werden, dass kein Hohlraum zwischen den Beinen und dem Körper entsteht. Hierzu die beiden Teile aneinanderdrücken, dann den Rand des Beins, der den Körper berührt, mit Stecknadeln befestigen. So liegt das Bein nicht einfach am Körper an, sondern es entsteht ein natürliches Aussehen. Die festgesteckten Teile annähen.

BABY

Das Baby kann, falls vorhanden, mit einer 2,25-mm-Häkelnadel gehäkelt werden. Sie eignet sich besser für dieses kleine Modell.

OHREN (2-MAL)

In Vanille:

1 Luftmaschenkette mit 5 Lm häkeln, am Anfang 10 cm Faden lassen. Bei der 2. M von der Häkelnadel aus beginnen: 1 fM, 2 hStb. Am Ende der Luftmaschenkette: 1 fM, 2 Lm, 1 Km in die 2. M von der Häkelnadel aus, 1 fM. Auf der anderen Seite der Luftmaschenkette weiterhäkeln: 2 hStb, 1 fM.

Den Faden auf einer Länge von 15 cm abschneiden. Mithilfe einer Nähnadel den Anfangsfaden unter die M führen und an der Unterseite des Ohrs herausziehen. Nicht abschneiden.

KOPF

In Braun: Spiralrunden häkeln.

Rd 1: 4 fM in 1 Fadenring (4 M).

Rd 2: in Wollweiß 2 Zun, in Kamel 2 Zun (8 M).

Rd 3: in Wollweiß 4 fM, in Kamel 1 fM, 2 Zun, 1 fM (10 M).

Rd 4: in Kamel 1 fM, in Wollweiß 3 fM, in Kamel 1 fM, 5 Zun (15 M).

Rd 5: in Kamel 1 fM, in Vanille 5 fM, 1 Zun, 1 fM, (2 Zun, 1 fM) × 2, 1 Zun (21 M).

Alle Fäden in Braun, Wollweiß und Vanille vernähen.

Rd 6 bis 9: 21 fM (21 M).

Rd 10: 8 fM, (1 Abn, 3 fM) × 2, 1 Abn, 1 fM (18 M).

Rd 11: (1 fM, 1 Abn) × 6 (12 M).

Mit dem Ausstopfen beginnen.

Rd 12: 6 Abn (6 M).

Fertig ausstopfen. Schließen und den Faden vernähen.

Mit dem schwarzen Perlgarn 2 kleine Augen in Dachform auf die Rd 5 sticken.

Die Ohren zwischen den Rd 8 und 9 annähen. Mit dem Endfaden einen Stich in die 1. und die letzte M des Ohres setzen und einen weiteren Stich zwischen die beiden Maschen machen. Den Anfangsfaden in den Kopf führen. Dabei nicht zu fest an ihm ziehen, um das Ohr nicht zu verformen.

Mit dem hellrosa Garn eine kleine Linie von 1 M Breite am unteren äußeren Rand jedes Auges sticken.

KÖRPER

In Vanille: Spiralrunden häkeln.

Rd 1: 6 fM in 1 Fadenring (6 M).

Rd 2: 6 Zun (12 M).

Rd 3: (1 fM, 1 Zun) × 6 (18 M).

Rd 4 bis 6: 18 fM (18 M).

Rd 7: (4 fM, 1 Abn) × 3 (15 M).

Rd 8: 15 fM (15 M).

Rd 9: (1 fM, 1 Abn, 2 fM) × 3 (12 M).

Rd 10: 12 fM (12 M).

Rd 11: (1 Abn, 1 fM) × 4 (8 M).

Rd 12: 1 Km, die anderen M der Rd nicht häkeln (8 M).

Ausstopfen und den Faden auf einer Länge von 25 cm abschneiden.

Den Körper unter den Kopf nähen, an die Rd 8 und 9. Vor dem endgültigen Zunähen ein wenig Füllmaterial hinzufügen.

VORDERBEINE (2-MAL)

In Kamel: In Spiralrunden häkeln und nicht ausstopfen.

Rd 1: 4 fM in 1 Fadenring (4 M).

Rd 2: 1 Zun, 3 fM (5 M).

In Vanille: Den Faden in Kamel vernähen.

Rd 3 bis 5: 5 fM (5 M).

Rd 6: 3 fM, die anderen M der Rd nicht häkeln (5 M).

Nun die 2 Häkelränder der oberen Öffnung flach aneinanderdrücken und wie folgt zusammenhäkeln: Die Häkelnadel in die nächste M führen, von vorne nach hinten, und dann in die vorherige M, von hinten nach vorne, dann 1 fM häkeln. 1 weitere fM in die beiden Ränder häkeln.

Den Faden auf einer Länge von 20 cm abschneiden.

Die Vorderbeine beidseitig an die letzte Rd nähen.

HINTERBEINE (2-MAL)

1. Teil

In Kamel: In Spiralrunden häkeln und nicht ausstopfen.

Rd 1 bis 5: wie die Rd 1 bis 5 der Vorderbeine häkeln.

Rd 6: 5 fM (5 M).

Den Faden auf einer Länge von 30 cm abschneiden. Die Häkelarbeit schließen und ausreichend Faden zum Vernähen lassen.

2. Teil

In Vanille:

In einen Fadenring 2 Lm und 6 hStb häkeln, 10 cm Anfangsfaden lassen.

Den Faden auf einer Länge von 30 cm abschneiden.

Zuerst jeweils den 1. Teil der Beine annähen. Die Beine müssen an beiden Seiten horizontal am Körper sitzen. Mit Stecknadeln fixieren und sicherstellen, dass das Baby stabil auf der Unterseite des Bauchs und den 2 Beinen sitzt. Die Beine mit ein paar Stichen festnähen, um sie unbeweglich zu machen.

Dann den 2. Teil jeweils nach oben versetzt hinter den 1. Teil platzieren, sodass die hStb den Halbkreis des Oberschenkels formen.

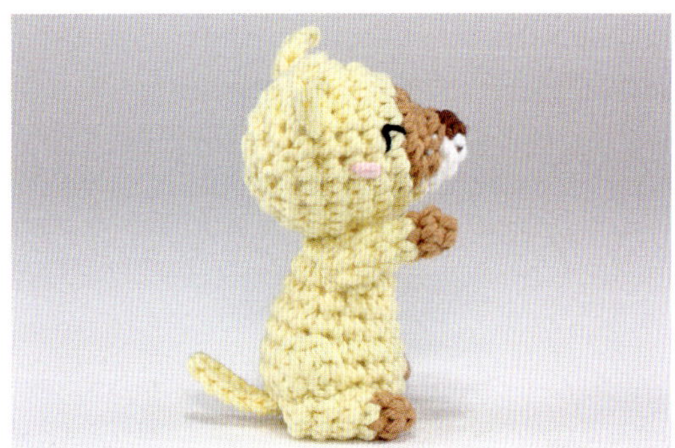

SCHWANZ

In Vanille:

1 Luftmaschenkette mit 6 Lm häkeln, am Anfang 10 cm Faden lassen. Bei der 2. M von der Häkelnadel aus beginnen: 1 Km, 4 fM.

Den Faden auf einer Länge von 15 cm abschneiden und den Schwanz mittig auf der Hinterseite des Körpers, zwischen Rd 3 und 4, annähen.

Die Hasenfamilie

 **Elterntier** 11 Std. - **Baby** 3 Std. 30 Min.

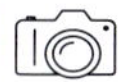 S. 12

Abmessungen

Ungefähre Höhe: Elterntier 30 cm – Baby 11 cmm

Material

> 1 × Häkelnadel 2,50 mm und 1 × Häkelnadel 3,00 mm

ELTERNTIER

- DMC Happy Cotton, 20 g, 43 m: Farbe 761 (Wollweiß), 60 g; Farbe 773 (Beige), 24 g; Farbe 799 (Pink), 34 g; Farbe 763 (Zartrosa), 19 g, Farbe 764 (Babyrosa), 11 g; Farbe 775 (Schwarz), 50 cm
- Schachenmayr Baby Smile Lenja Soft, 25 g, 85 m: Farbe 01001 (Weiß), 3 g
- DMC Lumina Metallic, 20 g, 150 m: Farbe L3821 (Gold) 25 m. 19 m in drei gleichlange Fäden aufteilen – die goldfarbenen Teile des Rocks und der Stiefel werden mit dreifachem Faden gehäkelt. Das Restgarn wird für die Mütze und den Pompon verwendet.
- DMC Perlgarn 5/M: Farbe 310 (Schwarz), 1 m
- 2 schwarze Sicherheitsaugen, 8 mm

Baby

- DMC Happy Cotton, 20 g, 43 m: Farbe 761 (Wollweiß), 7 g; Farbe 783 (Hellgrün), 6 g; Farbe 767 (Blaugrau), 4 g; Farbe 763 (Zartrosa), 1 m
- Schachenmayr Baby Smile Lenja Soft, 25 g, 85 m: Farbe 01001 (Weiß), 2,5 m
- 2 schwarze Sicherheitsaugen, 6 mm

HINWEISE

Achten Sie darauf, Vorder- und Rückseite der Häkelarbeit nicht zu verwechseln, sonst kommt es beim Zusammenfügen des Modells zu Schwierigkeiten. Die Vorderseite muss immer nach außen zeigen, es sei denn, es wird etwas anderes angegeben.

Manche Rd (oder R) werden mit Km gehäkelt. Hier ist es wichtig, die Fadenspannung anzupassen, damit die M nicht zu fest werden. Sie sollten genauso breit sein wie die fM. Ist die Fadenspannung zu hoch, besteht die Gefahr, dass das Häkelteil verformt wird oder die Häkelnadel in der nächsten Rd nicht mehr in diese M eingeführt werden kann.

Die Wangen des Elterntiers auf dem Foto wurden mit rosa Rouge und einem Wattestäbchen aufgemalt.

ELTERNTIER

ARME (2-MAL)

In Wollweiß: Spiralrunden häkeln mit der Häkelnadel 2,50 mm. Nicht ausstopfen.

Rd 1: 6 fM in 1 Fadenring (6 M).

Rd 2: 6 Zun (12 M).

Rd 3 bis 21: 12 fM (12 M).

Rd 22: (4 fM, 1 Abn) × 2 (10 M).

In Zartrosa:

Rd 23: 10 fM hMg (10 M).

Auf der Rd 22 mit der Linie aus sichtbar gebliebenen vMg die letzte M markieren.

Rd 24: 10 fM (10 M).

Rd 25: 9 fM, 1 Km (10 M).

Einen Maschenmarkierer an M 5 der Rd 25 setzen. Den Faden auf einer Länge von 10 cm abschneiden, unsichtbar vernähen und auf der Rückseite verknoten.

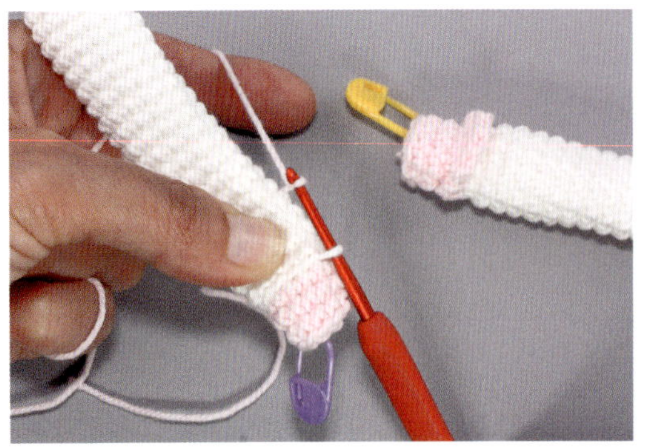

Die Rüsche des Ärmels häkeln. Hierzu die Häkelnadel in die markierte M der Rd 22 in Richtung Hand einstechen. Einen Faden in Zartrosa einfädeln, dabei 10 cm Anfangsfaden lassen. Folgendermaßen in die Rd der vMg häkeln: 1 Lm und 1 fM in dieselbe M, 1 Lm, (1 fM, 1 Lm) × 5.

Den Faden auf einer Länge von 10 cm abschneiden. Die beiden Enden in den Arm ziehen, verknoten und abschneiden.

BEINE (2-MAL)

In Zartrosa: Mit der 2,50-mm-Häkelnadel in Spiralrunden häkeln. Nach und nach sehr leicht ausstopfen.

Rd 1: 5 fM in 1 Fadenring (5 M).
Rd 2: 5 Zun (10 M).
Rd 3: (1 fM, 1 Zun) × 5 (15 M).
Rd 4 bis 12: 15 fM (15 M).
In Wollweiß: Den zartrosa Faden vernähen.
Rd 13 bis 27: 15 fM (15 M).
Rd 28: 14 fM, 1 Km (15 M).
M 7 der Rd 28 des 1. Beins markieren.
M 14 der Rd 28 des 2. Beins markieren.
Den Faden mit 10 cm Überschuss abschneiden, unsichtbar im Häkelteil vernähen und auf der Rückseite verknoten.

KÖRPER

Spiralrunden häkeln mit der Häkelnadel 2,5 mm. Beigen Faden in die markierte Masche des 1. Beins einfädeln, dann eine Luftmaschenkette mit 4 Lm sowie 1 Km in die markierte M des 2. Beins häkeln, um die 2 Beine miteinander zu verbinden. Vorsicht: Die Luftmaschenkette darf sich nicht verdrehen. Den Anfangsfaden des beigen Garns auf der Rückseite verknoten.
Rd 1: Um das 2. Bein herum 1 fM in das hMg der nächsten M. Diese M als M 1 der Rd markieren, dann 13 fM hMg. In die unteren Maschenglieder der Luftmaschenkette: 4 fM. Um das 1. Bein herum 1 fM in das hMg der M, die auf die Km folgt, von der die Luftmaschenkette ausgeht, 13 fM hMg. In die oberen Maschenglieder der Luftmaschenkette: 4 fM (36 M).
Auf der Rd mit den sichtbar gebliebenen vMg die M 14 und 32 der Rd 1 markieren.

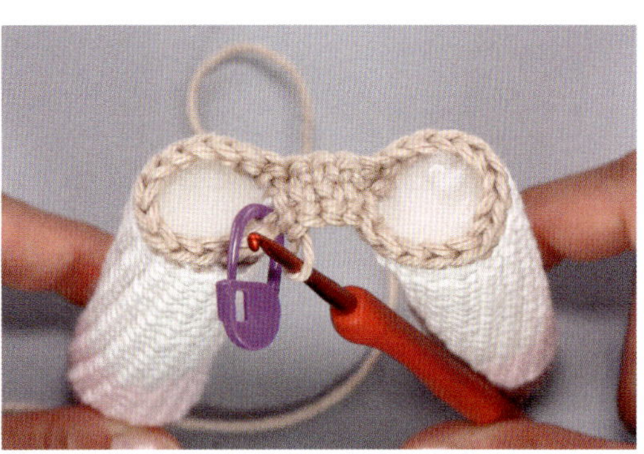

Rd 2 bis 8: 36 fM (36 M).
In Wollweiß:
Rd 9: 36 fM hMg (36 M).
Rd 10 und 11: 36 fM (36 M).
In Zartrosa:
Rd 12: 36 fM hMg (36 M).
Rd 13: (5 fM, 1 Abn, 5 fM) × 3 (33 M).
Rd 14 bis 16: 33 fM (33 M).
Rd 17: (1 Abn, 9 fM) × 3 (30 M).
Rd 18: 30 fM (30 M).
Mit dem Ausstopfen des Körpers beginnen.
Rd 19: (4 fM, 1 Abn, 4 fM) × 3 (27 M).

Rd 20: 27 fM (27 M).
Rd 21: (1 Abn, 7 fM) × 3 (24 M).
Rd 22: 4 fM. Einen Arm an den Körper legen und 1 fM von innen nach außen in die markierte M des Arms und in die nächste M des Körpers, dann weitere 3 fM häkeln und dabei in beide Häkelteile stechen. 8 fM nur am Körper weiterhäkeln. Den anderen Arm an den Körper legen und 1 fM von innen nach außen in die markierte M des Arms und in die nächste M des Körpers, dann weitere 3 fM häkeln und dabei in beide Häkelteile stechen. 4 fM nur am Körper weiterhäkeln: (24 M).

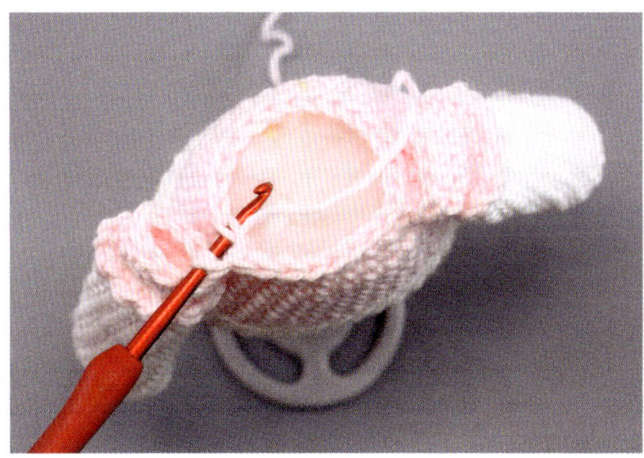

Nun um die Arme und den Körper herum häkeln, nicht mehr in die M häkeln, die zum Befestigen der Arme gedient haben.
Rd 23: 3 fM, 1 Abn, 4 fM, 1 Abn, 6 fM, 1 Abn, 4 fM, 1 Abn, 3 fM (24 M).
In Wollweiß:
Rd 24: Die ganze Rd ins hMg häkeln. (1 Abn, 1 fM) × 7, 1 Abn, 1 Km (16 M).
Den Faden auf einer Länge von 30 cm abschneiden. Den Körper fertig ausstopfen.
Die Rüsche am Höschen unter dem Rock häkeln. Hierzu die Häkelnadel in eine der markierten M nach Rd 1 in Richtung Füße einstechen. Einen Faden in Beige einfädeln, dabei 15 cm Anfangsfaden lassen. Folgendermaßen in die Rd der vMg häkeln: 1 Lm und 1 fM in dieselbe M, 1 Lm, (1 fM, 1 Lm) × 13.
Den Faden mit 15 cm Überschuss abschneiden, unsichtbar im Häkelteil vernähen, dabei unter der M 1 der Rd hindurchführen. Die beiden Enden ein paar Mal durch den Körper ziehen und abschneiden.
Das andere Bein auf die gleiche Weise häkeln, hierfür in der anderen markierten M der Rd 1 beginnen.

OHREN (2-MAL)

In Wollweiß: Spiralrunden häkeln mit der Häkelnadel 2,5 mm. Nicht ausstopfen.
Rd 1: 6 fM in 1 Fadenring (6 M).
Rd 2: 6 Zun (12 M).
Rd 3: (3 fM, 1 Zun) × 3 (15 M).
Rd 4: (2 fM, 1 Zun, 2 fM) × 3 (18 M).
Rd 5: (5 fM, 1 Zun) × 3 (21 M).
Rd 6 bis 10: 21 fM (21 M).
Rd 11: (5 fM, 1 Abn) × 3 (18 M).
Rd 12 bis 16: 18 fM (18 M).
Rd 17: (2 fM, 1 Abn, 2 fM) × 3 (15 M).
Rd 18 bis 21: 15 fM (15 M).
Rd 22: (3 fM, 1 Abn) × 3 (12 M).
Rd 23 bis 26: 12 fM (12 M).
Rd 27: (1 fM, 1 Abn, 1 fM) × 3 (9 M).
Rd 28 bis 30: 9 fM (9 M).
Rd 31: 5 fM, die anderen M der Rd nicht häkeln (9 M).
Nun die 2 Häkelränder der oberen Öffnung flach aneinanderdrücken und wie folgt zusammenhäkeln: Die Häkelnadel von vorne nach hinten in die nächste M führen und anschließend von hinten nach vorne in die vorherige M. Dann 1 fM häkeln. Weitere 3 fM in die beiden Ränder häkeln.
Den Faden auf einer Länge von 30 cm abschneiden.

KOPF

In Wollweiß: Spiralrunden häkeln mit der Häkelnadel 2,5 mm.
Rd 1: 6 fM in 1 Fadenring (6 M).
Rd 2: 6 Zun (12 M).
Rd 3: (1 fM, 1 Zun) × 6 (18 M).

Rd 4: (1 fM, 1 Zun, 1 fM) × 6 (24 M).
Rd 5: (3 fM, 1 Zun) × 6 (30 M).
Rd 6: (2 fM, 1 Zun, 2 fM) × 6 (36 M).
Rd 7: (5 fM, 1 Zun, 6 fM) × 3 (39 M).
Rd 8: (12 fM, 1 Zun) × 3 (42 M).
Rd 9: (3 fM, 1 Zun, 10 fM) × 3 (45 M).
Rd 10: (11 fM, 1 Zun, 3 fM) × 3 (48 M).
Rd 11 bis 15: 48 fM (48 M).
Rd 16: 22 fM, (1 Zun, 1 fM) × 3, 20 fM (51 M).
Rd 17 bis 21: 51 fM (51 M).
Die Sicherheitsaugen zwischen den Rd 15 und 16 in die M 18 und 31 einsetzen.
Rd 22: 21 fM, (1 Abn, 2 fM) × 3, 18 fM (48 M).
Rd 23: (2 fM, 1 Abn, 2 fM) × 8 (40 M).
Rd 24: (3 fM, 1 Abn) × 8 (32 M).
Mit dem Ausstopfen des Kopfs beginnen.
Rd 25: (1 fM, 1 Abn, 1 fM) × 8 (24 M).
Rd 26: (1 Abn, 1 fM) × 8 (16 M).
Fertig ausstopfen, nicht zu viel Füllmaterial verwenden.
Rd 27: 8 Abn (8 M).
Den Faden auf einer Länge von 15 cm abschneiden.

Tipp: Ich schließe den Kopf an dieser Stelle. So kann ich besser erkennen, ob ich genug Füllmaterial verwendet habe, da der Hals recht breit ist. Es ist jedoch auch möglich, den Kopf bis Rd 26 zu häkeln und ihn nach dem Besticken Rand an Rand an den Körper zu nähen.

Mit einer Nähnadel und einem 30 cm langen Faden in Wollweiß den Kopf formen. Dazu die Nadel in das Loch unter dem Kopf stechen und sie bei der nächstliegenden M des inneren Augenwinkels wieder herausziehen. Das Auge mit dem wollweißen Garn umkreisen, wobei der Faden zwischen Kopf und Auge um den Stift herumgeführt wird. Die Nadel an derselben Stelle einstechen und neben dem anderen Auge wieder herausziehen, ebenfalls im inneren Augenwinkel. Den Faden um den Stift des zweiten Auges führen, die Nadel an der gleichen Stelle einstechen und sie durch das Loch unter dem Kopf wieder herausziehen. An beiden Enden ziehen, um den Abstand zwischen den beiden Augen zu verkleinern und dem Kopf seine Form zu geben. Beide Fäden fest verknoten und abschneiden. Wer es nicht schafft, den Faden unter dem Auge durchzuführen, kann die Nadel auch direkt neben der Austrittsstelle einstechen, so nah am Auge wie möglich.
Mit dem schwarzen Perlgarn 2 Wimpern aufsticken. Dabei am äußeren Augenwinkel bei den Rd 14 und 15 des Kopfs beginnen. Die Wimpern sind etwa 2 M lang. Dann mit dem schwarzen Garn (Happy Cotton) eine Linie sticken, die den gleichen Anfangspunkt wie die Wimpern besitzt und über dem Auge entlangläuft (wie der Strich eines Eyeliners).

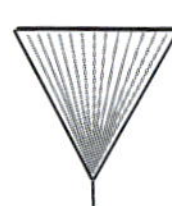

Mit dem Garn in Zartrosa mehrere vertikale Linien auf die Rd 17 und 18 des Kopfs sticken, um ein 4 M breites Dreieck zu formen wie auf der Schemazeichnung gezeigt. Dann dieses zartrosa Dreieck mit 3 Linien des beigen Garns umranden und eine 4. vertikale Linie von 2 Rd Höhe unter die Nase sticken.
Die Ohren an beiden Seiten des Kopfes leicht nach hinten versetzt zwischen den Rd 8 und 9 anbringen.
Den Kopf schließen und den Faden vernähen. Mit dem am Ende des Körpers verbliebenen Faden den Körper mittig an den Kopf nähen.

ROCK

Gürtel

In Zartrosa: Reihen häkeln mit der Häkelnadel 2,5 mm.
R 1: 1 Luftmaschenkette mit 40 Lm häkeln, am Anfang 20 cm Faden lassen. 39 fM, dabei bei der 2. M von der Häkelnadel aus beginnen. Die Arbeit wenden (39 M).

Tipp: Beim Häkeln des Gürtels ist es ratsam, die 1. R zu beginnen, indem die Häkelnadel in das 3. Maschenglied der M der Luftmaschenkette eingeführt wird (kleines Maschenglied, das auf der Rückseite sichtbar ist).
Die Länge der Luftmaschenkette (40 Lm) ist nur ein Richtwert. Überprüfen, ob die Länge ausreicht: Hierfür die Luftmaschenkette um den Bauch unter den Rand des T-Shirts legen – die beiden Enden müssen sich berühren, ohne, dass sich die Luftmaschenkette dehnt.

In Gold, mit 3 Fäden: Zu Beginn 10 cm des goldenen Fadens beibehalten und den zartrosa Faden auf einer Länge von 10 cm abschneiden.
R 2: 1 Lm, 39 fM, wenden (39 M).
In Zartrosa: Zu Beginn 10 cm des zartrosa Fadens beibehalten und die goldenen Fäden auf einer Länge von 10 cm abschneiden.
R 3: 1 Lm, 39 fM. Das hMg der M 1 der R markieren (39 M).
Den zartrosa Faden auf einer Länge von 10 cm abschneiden.

Plisseerock

Das Plissee des Rocks wird in R mit der 2,50-mm-Häkelnadel senkrecht zum Gürtel gehäkelt. Die ungeraden R laufen zurück zum Gürtel und werden mit 1 Km verbunden, die geraden R laufen zum unteren Teil des Rocks.
Zu Beginn die Häkelnadel in das hMg der markierten M auf dem Gürtel einführen. Einen Faden **in Babyrosa** einfädeln, dabei 10 cm Anfangsfaden lassen. Das hMg dieser M auf dem Gürtel markieren, um dann den Rand zu häkeln.
R 1: Eine Luftmaschenkette mit 13 Lm häkeln, 11 fM und 1 Km, dabei bei der 2. Masche von der Häkelnadel aus beginnen. Die Häkelnadel in das nächste hMg des Gürtels einstechen und einen Faden **in Pink** durchziehen. Dies entspricht 1 Km. Dabei 10 cm Anfangsfaden lassen, wenden (13 M).
R 2: 1 Lm, die Km überspringen, 12 fM hMg, wenden (12 M).
R 3: 1 Lm, 11 fM hMg, 1 Km hMg, 1 Km in das nächste hMg des Gürtels, dabei den wartenden Faden in Babyrosa wieder aufnehmen, wenden (13 M).
R 4 bis 75: Die Anweisungen von R 2 und 3 wiederholen, dabei die Farben Babyrosa und Pink abwechseln.
Am Ende der R 75 den babyrosa Faden für die R 76 mit einer Km in den Gürtel aufnehmen.
Das Stück in der Mitte falten, sodass die beiden Hälften übereinander liegen. Die 1. R muss über der letzten R liegen. In R 76 werden in beide Hälften aneinandergehäkelt.
R 76: 1 Lm, die Km überspringen, 12 fM in die unteren Maschenglieder der Luftmaschenkette der R 1 und in die hMg der M der R 75 (12 M).
Die babyrosa Fäden auf einer Länge von 10 cm abschneiden.

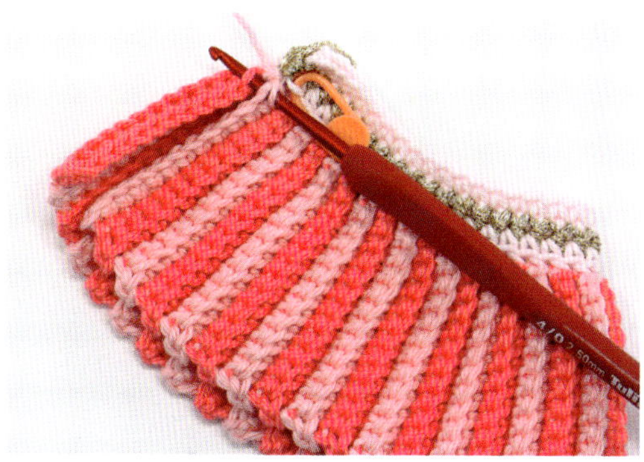

Mit dem Faden in Zartrosa, der am Anfang des Gürtels belassen wurde, die beiden Enden des Gürtels unsichtbar zusammennähen.
Den Rand des Gürtels häkeln. Hierfür die Häkelnadel in Richtung Rockunterseite in die zuvor markierte M stechen. Einen Faden in Zartrosa einfädeln, dabei 10 cm Anfangsfaden lassen. In diese R aus vMg häkeln, dabei 1 Km in jede M machen (sie dürfen nicht zu fest sein, da der Gürtel sonst zu eng wird).

Den Faden mit 10 cm Überschuss abschneiden, unsichtbar im Häkelteil vernähen, dabei unter der M 1 der R durchführen.

Die verschiedenen Fäden unter ein paar M führen und dann bündig abschneiden. Der Rock ist auf Rechts, wenn der Gürtelrand sichtbar ist.

STIEFEL (2-MAL)

In Beige: Kreisrunden um die Luftmaschenkette häkeln mit der Häkelnadel 2,50 mm.

Rd 1: 1 Luftmaschenkette mit 4 Lm häkeln. 1 Zun und 1 fM, dabei bei der 2. M von der Häkelnadel aus beginnen. In die Endmasche der Luftmaschenkette 3 fM häkeln. Auf der anderen Seite der Luftmaschenkette weiterhäkeln: 2 fM. 1 Km in die M 1 der Rd, um diese abzuschließen (8 M).

Rd 2: 1 Lm, 2 Zun, 1 fM, 3 Zun, 1 fM, 1 Zun, mit 1 Km abschließen (14 M).

Rd 3: 1 Lm. (1 fM, 1 Zun) × 2, 1 fM, (1 fM, 1 Zun) × 3, 2 fM, 1 Zun, mit 1 Km abschließen (20 M).

Rd 4: 1 Lm, (1 Zun, 2 fM) × 2, 1 fM, (1 Zun, 2 fM) × 3, 1 fM, 1 Zun, 2 fM, mit 1 Km abschließen (26 M).

In Pink: Den beigen Faden nicht abschneiden. Das Ergebnis wird besonders sauber, wenn die Farbe bei der Km, die die Rd abschließt, gewechselt wird: Die Häkelnadel in die M 1 der Rd einstechen und den babyrosa Faden durchziehen.

Rd 5: 1 Lm, 26 Km hMg (locker gehäkelt), mit 1 Km abschließen (26 M).

In Beige, den Faden in Pink vernähen. Die Farbe bei der Km, die die Rd abschließt, wechseln.

Rd 6: 1 Lm, 26 fM hMg, mit 1 Km abschließen (26 M).

Rd 7: 1 Lm, 26 fM, mit 1 Km abschließen (26 M).

Rd 8: 1 Lm, 13 fM, (1 Abn, 2 fM) × 2, 5 fM, mit 1 Km abschließen (24 M).

Rd 9: 1 Lm, 12 fM, 3 Abn, 6 fM, mit 1 Km abschließen (21 M).

Rd 10 und 11: 1 Lm, 21 fM, mit 1 Km abschließen (21 M).

In Hellrosa: Den beigen Faden nicht abschneiden. An der letzten fM der Rd 11 einen Farbwechsel durchführen.

Rd 12: 1 Lm, 21 fM, mit 1 Km abschließen (21 M).

In Gold, mit 3 Fäden: Den hellrosa Faden vernähen. An der letzten fM der Rd 12 einen Farbwechsel durchführen.

Rd 13: 1 Lm, 21 fM, mit 1 Km abschließen (21 M).

In Beige: Den goldenen Faden vernähen. An der letzten fM der Rd 13 einen Farbwechsel durchführen.

Rd 14: 1 Lm, 21 fM, mit 1 Km abschließen (21 M).

Mit dem weißen Plüschfaden und der 3,00-mm-Häkelnadel an der letzten fM der Rd 14 den Farbwechsel durchführen.

Rd 15: 1 Lm, 21 fM (21 M).

Den Faden auf einer Länge von 10 cm abschneiden und unsichtbar vernähen. Die verbleibenden Fäden vernähen und abschneiden.

MÜTZE

Mütze

In Pink: Reihen häkeln mit der Häkelnadel 2,5 mm.

R 1: 1 Luftmaschenkette mit 25 Lm häkeln, am Anfang 10 cm Faden lassen. 24 fM, dabei bei der 2. M von der Häkelnadel aus beginnen. Die Arbeit wenden (24 M).

R 2 bis 53: 1 Lm, 24 fM hMg, wenden (24 M).

Das Stück wie bei den Rüschen des Rocks falten, sodass die 1. R auf der letzten liegt. In R 54 werden die Hälften aneinandergehäkelt.

R 54: 1 Lm, 24 fM in die unteren Maschenglieder der Luftmaschenkette der R 1 und in die hMg der M der R 53 (24 M).

Mit 1 Lm abschließen und Faden auf einer Länge von 25 cm abschneiden.

Mithilfe einer Nähnadel und des verbleibenden Fadens die Oberseite der Mütze schließen. Hierfür den Faden in die 27 Wendeluftmaschen einfädeln, die am Anfang jeder R gehäkelt wurden (in Beige auf dem Foto). Fest zuziehen, um die Öffnung zu schließen, den Faden verknoten und unter ein paar Maschen ziehen, um ihn zu vernähen.

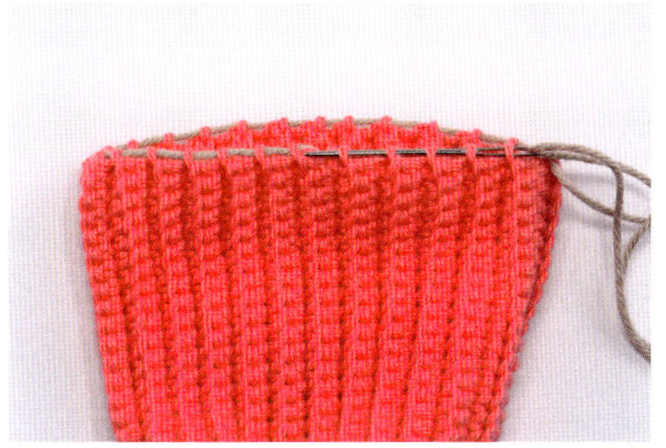

Den Rand der Mütze nach oben falten, um einen Umschlag zu formen. Mit 1 m Goldgarn rundherum einen Überwendlingsstich setzen, um einen goldenen Rand zu sticken. Den Faden nicht zu fest ziehen, damit die Mütze elastisch bleibt. Anstatt des goldenen Fadens kann auch Pelzfaden verwendet werden.

Pompon

Spiralrunden mit 1 goldenen Faden und 1 Pelzfaden gleichzeitig häkeln, mit der 3,00-mm-Häkelnadel.
Rd 1: 6 fM in 1 Fadenring (6 M).
Rd 2: 6 Zun (12 M).
Rd 3: (1 fM, 1 Zun) × 6 (18 M).
Rd 4 und 5: 18 Zun (18 M).
Rd 6: (1 fM, 1 Abn) × 6 (12 M).
Leicht ausstopfen.
Rd 7: 6 Abn (6 M).
Fäden auf einer Länge von 20 cm abschneiden und das Häkelstück schließen. Den goldenen Faden vernähen und den Pompon mithilfe des Pelzfadens an die Spitze der Mütze nähen.

BABY

Das Baby kann mit einer 2,25-mm-Häkelnadel gehäkelt werden.

ARME (2-MAL)

In Wollweiß: Spiralrunden häkeln. Nicht ausstopfen.
Rd 1: 4 fM in 1 Fadenring (4 M).
Rd 2: 1 Zun, 3 fM (5 M).
In Hellgrün: Wollweißen Faden vernähen.
Rd 3 bis 7: 5 fM (5 M).
Rd 8: 4 fM, 1 Km (5 M).
Am Ende des 1. Arms den Faden auf einer Länge von 10 cm abschneiden und das Häkelteil schließen. Einen unsichtbaren Knoten an der Schließstelle machen, den Faden in den Arm einziehen und bündig abschneiden.
Am Ende des 2. Arms den Faden auf einer Länge von 30 cm abschneiden und das Häkelteil schließen. Einen unsichtbaren Knoten an der Schließstelle machen, den Faden in den Arm einziehen und 1 Rd darunter herausziehen.

BEINE (2-MAL)

In Wollweiß: Spiralrunden häkeln. Nicht ausstopfen.
Rd 1: 5 fM in 1 Fadenring (5 M).
Rd 2: 1 Zun, 4 fM (6 M).
In Hellgrün: Wollweißen Faden vernähen.
Rd 3 und 5: 6 fM (6 M).
Rd 6: 3 fM, 1 Zun, 2 fM (7 M).
Rd 7 und 8: 7 fM (7 M).
Rd 9: 6 fM, 1 Km (7 M).
Am Ende des 1. Beins den Faden auf einer Länge von 10 cm abschneiden und das Häkelteil schließen. Einen Knoten unsichtbar an der Schließstelle machen, den Faden in das Bein einziehen und bündig abschneiden.
Am Ende des 2. Beins den Faden auf einer Länge von 30 cm abschneiden und das Häkelteil schließen. Einen Knoten unsichtbar an der Schließstelle machen, den Faden in das Bein einziehen und 1 Rd tiefer herausziehen

OHREN (2-MAL)

In Wollweiß: Spiralrunden häkeln. Nicht ausstopfen.

Rd 1: 5 fM in 1 Fadenring (5 M).
Rd 2: 5 Zun (10 M).
Rd 3 bis 6: 10 fM (10 M).
Rd 7: 3 fM, 1 Abn, 5 fM (9 M).
Rd 8 bis 10: 9 fM (9 M).
Rd 11: 4 fM, 1 Abn, 3 fM (8 M).
Rd 12: 8 fM (8 M).
Rd 13: 4 fM, 1 Abn, 2 fM (7 M).
Nun die 2 Häkelränder der oberen Öffnung flach aneinanderdrücken und wie folgt zusammenhäkeln: Die Häkelnadel von vorne nach hinten in die nächste M führen, dann von hinten nach vorne in die vorherige M. Dann 1 fM häkeln. Weitere 2 fM in die beiden Ränder häkeln. Den Faden auf einer Länge von 20 cm abschneiden.

KOPF UND KÖRPER

In Wollweiß: Spiralrunden häkeln.
Rd 1: 6 fM in 1 Fadenring (6 M).
Rd 2: 6 Zun (12 M).
Rd 3: (1 fM, 1 Zun) × 6 (18 M).
Rd 4: (1 fM, 1 Zun, 4 fM) × 3 (21 M).
Rd 5: (5 fM, 1 Zun, 1 fM) × 3 (24 M).
Rd 6: (3 fM, 1 Zun, 4 fM) × 3 (27 M).
Rd 7 und 8: 27 fM (27 M).
Rd 9: 11 fM, (1 Zun, 1 fM) × 3, 10 fM (30 M).
Rd 10 und 11: 30 fM (30 M).
Die Sicherheitsaugen zwischen den Rd 8 und 9 in die M 10 und 18 der Rd 8 einsetzen.
Rd 12: 1 Abn, 3 fM, 1 Abn, 4 fM, (1 Abn, 1 fM) × 3, 3 fM, 1 Abn, 5 fM (24 M).
Rd 13: (1 Abn, 1 fM) × 8 (16 M).
Mit dem Ausstopfen des Kopfs beginnen. Dabei die Form der Schnauze betonen.
Rd 14: 8 Abn (8 M).
Den Kopf fertig ausstopfen.
Mit einem kurzen Stück Garn in Zartrosa die Nase auf die Rd 10 des Kopfs sticken. Sie besitzt die gleiche Form wie die Nase des Elterntiers (siehe oben), ist allerdings nur 1 M breit und hoch. Die kleine vertikale Linie darunter ist 1 Rd hoch.
Mit einem kurzen Stück hellrosa Garn eine kleine Linie von 1 M Breite am unteren äußeren Rand jedes Auges als Wangen sticken.
Mit etwas wollweißem Garn den Kopf des Babys formen. Hierfür wie beim Elterntier vorgehen (s. S. 60).
Rd 15: 8 Zun (16 M).
In Hellgrün: Wollweiße Faden vernähen.
Rd 16 und 17: 16 fM (16 M).
Rd 18: (3 fM, 1 Zun) × 4 (20 M).
Rd 19: 20 fM (20 M).
Rd 20: (2 fM, 1 Zun, 2 fM) × 4 (24 M).
Rd 21 und 22: 24 fM (24 M).
Rd 23: (2 fM, 1 Abn) × 2, 14 fM,1 Abn (21 M).
Rd 24: (4 fM, 1 Abn, 1 fM) × 3 (18 M).
Mit dem Ausstopfen des Körpers beginnen.
Rd 25: (1 Abn, 1 fM) × 6 (12 M).
Rd 26: 6 Abn (6 M).
Fertig ausstopfen. Das Häkelteil schließen und den Faden vernähen.

ZUSAMMENFÜGEN

Die Arme auf jeder Seite an der 1. Rd in Hellgrün platzieren, feststecken und mit dem Faden, der am Ende eines Arms verblieben ist, annähen. Hierzu den Faden in der Nähe der Oberseite des Arms durch den Körper ziehen und auf der gegenüberliegenden Seite, an der Position des anderen Arms, herausziehen. Dann den Faden durch diesen Arm fädeln und mittig oben am Arm herausziehen. Die Nadel dann mit 1 M Abstand in die andere Richtung in den Arm stechen und den Faden durch alle drei Häkelstücke führen, sodass die Nadel am Arm der gegenüberliegenden Seite austritt. Damit die Arme beweglich sind, muss im Abstand von 1 M in die Außenseite jedes Arms gestochen werden, wobei jedoch versucht werden sollte, die Nadel an der Innenseite des Arms und am Körper in dieselbe M einzustechen und wieder herauszuziehen.
Mindestens 2-mal hin und zurück arbeiten, um die Naht zu sichern. Die Spannung muss so

hoch sein, dass die Arme fest am Körper anliegen, darf aber nicht zu hoch sein, da sonst der Oberkörper zusammengezogen wird. Den Faden gut vernähen und abschneiden.
Die Beine auf die gleiche Weise annähen. Dabei ihre Oberseite jeweils an Rd 23 des Körpers setzen.
Die Ohren beidseitig leicht nach hinten versetzt an Rd 5 des Kopfs nähen.

MÜTZE

In Blaugrau: In Kreisrunden häkeln. Locker häkeln, nicht zu fest am Faden ziehen.
Das Muster der Mütze entsteht durch das Abwechseln von fM und Lm, wobei die Abfolge von Rd zu Rd wechselt und die Maschen dadurch gegeneinander versetzt werden.
Rd 1: 6 fM in 1 Fadenring. 1 Km in die M 1 der Rd, um diese abzuschließen (6 M).
Rd 2: 1 Lm, (in dieselbe M: 1 fM, 1 Lm) × 6, mit 1 Km abschließen (12 M).
Rd 3: 1 Lm, (1 Lm, 1 fM der Rd 2 überspringen, unter die gleiche Lm der Rd 2: 1 fM, 1 Lm, 1 fM, 1 Lm, 1 fM überspringen, 1 fM unter die Lm der Rd 2) × 3, mit 1 Km in die 2. Lm abschließen (18 M).
Rd 4: 1 Lm, [in die gleiche Lm der Rd 3: (1 fM, 1 Lm) × 2, 1 fM überspringen, (1 fM unter die Lm der Rd 3, 1 Lm, 1 fM überspringen) × 2] × 3, mit 1 Km abschließen (24 M).
Rd 5: 1 Lm, [(1 Lm, 1 fM überspringen, 1 fM unter die Lm der Rd 4) × 2, unter die gleiche Lm der Rd 4: (1 Lm, 1 fM) × 2, 1 Lm, 1 fM überspringen, 1 fM unter die Lm der Rd 4)] × 3, mit 1 Km in die 2. Lm abschließen (30 M).
Rd 6: 1 Lm, [(1 fM unter die Lm der Rd 5, 1 Lm, 1 fM überspringen) × 4, unter die gleiche Lm der Rd 5: (1 fM, 1 Lm) × 2, 1 fM überspringen] × 3, mit 1 Km abschließen (36 M).
Rd 7: 1 Lm, [(1 Lm, 1 fM überspringen, 1 fM unter die Lm der Rd 6) × 2, unter die gleiche Lm der Rd 6: (1 Lm, 1 fM) × 2, 1 fM überspringen, (1 Lm, 1 fM überspringen, 1 fM unter die Lm der Rd 6) × 3] × 3, mit 1 Km in die 2. Lm abschließen (42 M).
Rd 8: 1 Lm, (1 fM unter die Lm der Rd 7, 1 Lm, 1 fM überspringen) × 21, mit 1 Km abschließen (42 M).
Rd 9: 1 Lm, (1 Lm, 1 fM überspringen, 1 fM unter die Lm der Rd 8) × 21, mit 1 Km in die 2. Lm abschließen (42 M).
Rd 10: 1 Lm, (1 fM unter die Lm der Rd 9, 1 Lm, 1 fM überspringen) × 21, mit 1 Km abschließen (42 M).
Mit dem weißen Plüschfaden und der 3,00-mm-Häkelnadel. An der abschließenden Km der Rd den Farbwechsel durchführen.
Rd 11: 1 Lm, (1 fM überspringen, 1 Zun unter die Lm der Rd 10) × 21 (42 M).
Die Fäden auf einer Länge von 10 cm abschneiden, unter ein paar M vernähen und dann bündig abschneiden.

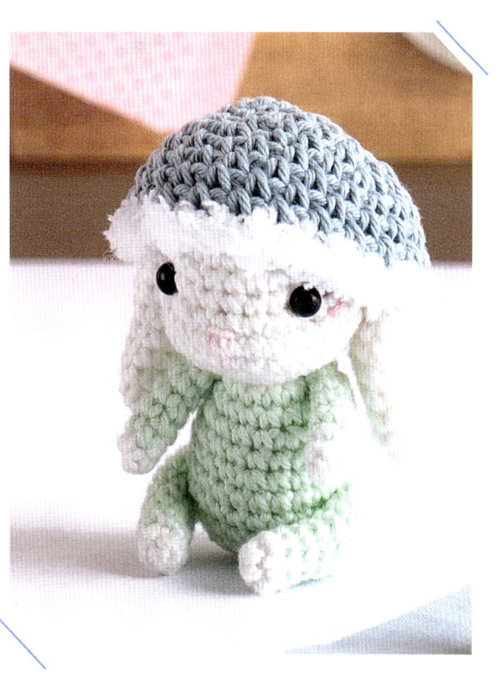

Die Lemurenfamilie

 **ELTERNTIER** 10 Std – **Baby** 5 Std.

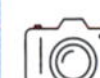 S. 14

Abmessungen

Ungefähre Höhe: Elterntier 30 cm – Baby 20 cm (ohne Schwanz)

Material

- 1 × Häkelnadel 2,50 mm und 1 × Häkelnadel 10,00 mm

ELTERNTIER

- DMC Happy Cotton, 20 g, 43 m: Farbe 775 (Schwarz), 17 g; Farbe 762 (Weiß), 22 g; Farbe 759 (Mittelgrau), 68 g; Farbe 774 (Dunkelgrau), 4 g
- DMC Mellow Irresistibly Soft Fur, 100 g, 67 m: Farbe 011 (Weiß), 20 g; Farbe 005 (Schwarz), 20 g (bzw. je 1 zusätzliches Knäuel Baumwollgarn in Weiß und in Schwarz für den Schwanz)
- 2 Sicherheitsaugen, 12 mm, mit Goldglitzer
- 2 Gelenk-Sets für Amigurumi (20-mm) für die Arme und 2 Gelenk-Sets (30-mm) für die Beine
- Nylonstrumpfhose zum Fixieren des Füllmaterials des Schwanzes

Baby

- DMC Happy Cotton, 20 g, 43 m: Farbe 775 (Schwarz), 8 g; Farbe 762 (Weiß), 18 g; Farbe 759 (Mittelgrau), 2 g; Farbe 774 (Dunkelgrau), 30 g
- DMC Mellow Irresistibly Soft Fur, 100 g, 67 m: Farbe 011 (Weiß), 2 g
- 2 Sicherheitsaugen, 9 mm, mit Goldglitzer
- 2 Gelenk-Sets für Amigurumi (12-mm) für die Arme und 2 Gelenk-Sets (20-mm) für die Beine

HINWEISE

Die Lemuren haben Gelenke an den 4 Gliedmaßen. Dabei handelt es sich um speziell für Plüschtiere und Amigurumi entwickelte Kunststoffteile, die wie die Sicherheitsaugen mithilfe von Stecktösen angebracht werden. Die Gelenke verleihen diesem Modell das gewisse Etwas. Es ist jedoch auch möglich, die Lemurenfamilie ohne Gelenke zu häkeln. In diesem Fall können Sie die Anweisungen zur Anbringung der Gelenke ignorieren und brauchen die Arme und Beine nur wie beschrieben anzunähen.

Dieses Modell wird teilweise in Fellgarn gearbeitet. Die jeweiligen Teile sind einfach zu häkeln: Sie bestehen aus Spiralrunden mit fM mit ein paar Zunahmen und Abnahmen. Das Arbeiten mit Fellgarn birgt jedoch seine Tücken. Daher ist es vor Beginn wichtig, die verwendeten Techniken gut zu beherrschen und die Tipps auf S. 42 zu berücksichtigen. Für den Schwanz wird zudem eine alternative Version ohne Fellgarn vorgestellt.

ELTERNTIER

KOPF

In Schwarz: Spiralrunden häkeln mit der Häkelnadel 2,5 mm.

Rd 1: 7 fM in 1 Fadenring (7 M).

Rd 2: 7 Zun (14 M).

Tipp: Für die Lemuren werden Glitzeraugen verwendet. Damit diese besonders gut zur Geltung kommen, wird ein kleiner Ring aus schwarzem Garn gehäkelt: 11 Lm und 10 fM, mit der 2. M von der Häkelnadel aus beginnen. Den Faden auf einer Länge von 20 cm abschneiden. Die R um das Auge legen und mit ein paar Nadelstichen annähen. Die 2 Enden des Rings auf der Rückseite verknoten und abschneiden.

Rd 3: (1 Zun, 1 fM) × 7 (21 M).
Rd 4 und 5: 21 fM (21 M).
Rd 6: 7 fM, **in Weiß** 2 fM, in Schwarz 2 fM, in Weiß 2 fM, in Schwarz 8 fM (21 M).
Rd 7: 6 fM, 1 Zun, in Weiß 2 fM, in Schwarz 2 fM, in Weiß 3 fM, in Schwarz 1 fM in dieselbe M, 6 fM, 1 Zun (24 M).
Rd 8: 7 fM, in Weiß 9 fM, in Schwarz 8 fM (24 M).
Rd 9: 7 fM, in Weiß (1 Zun, 3 fM) × 2, 1 Zun, 1 fM, in Schwarz 7 fM (27 M).
Rd 10: 6 fM, in Weiß 15 fM, in Schwarz 6 fM (27 M).
Rd 11: 6 fM, in Weiß 3 fM, in Schwarz 1 Zun, 1 fM, in Weiß 2 fM, 1 Zun, 2 fM, in Schwarz 1 fM, 1 Zun, in Weiß 4 fM, in Schwarz 5 fM (30 M).
Rd 12: 5 fM, in Weiß 4 fM, in Schwarz 1 Zun, 3 fM, in Weiß 1 fM in dieselbe M, 2 fM, 1 Zun, 2 fM, in Schwarz 1 Zun, 3 fM, in Weiß 1 fM in dieselbe M, 7 fM, 1 Zun (36 M).
Rd 13: 5 fM, 1 Zun, 3 fM, in Schwarz 2 fM, 1 Zun, 2 fM, in Weiß 3 fM, 1 Zun, 3 fM, in Schwarz 2 fM, 1 Zun, 2 fM, in Weiß 3 fM, 1 Zun, 5 fM, 1 Zun (42 M).
Rd 14: 10 fM, in Schwarz 3 fM, 1 Zun, 2 fM, in Weiß 3 fM, 1 Zun, 4 fM, in Schwarz 1 fM, 1 Zun, 4 fM, in Weiß 12 fM (45 M).
Rd 15: 11 fM, in Schwarz 6 fM, in Weiß 10 fM, in Schwarz 6 fM, in Weiß 12 fM (45 M).
Rd 16: 12 fM, in Schwarz 5 fM, in Weiß 1 fM in dieselbe M, (4 fM, 1 Zun) × 2, in Schwarz 5 fM, in Weiß 13 fM (48 M).
Die Augen zwischen den Rd 13 und 14 in die M 14 und 28 der Rd 14 einsetzen, also auf die Mitte der schwarzen Punkte.
Rd 17: 18 fM, **in Mittelgrau** 11 fM, in Weiß 19 fM (48 M).
Rd 18: 18 fM, 1 Zun, in Mittelgrau 4 fM, 1 Zun, 5 fM, in Weiß 1 fM in dieselbe M, 9 fM, in Mittelgrau 10 fM (51 M).
Rd 19 und 20: 10 fM, in Weiß 10 fM, in Mittelgrau 11 fM, in Weiß 10 fM, in Mittelgrau 10 fM (51 M).

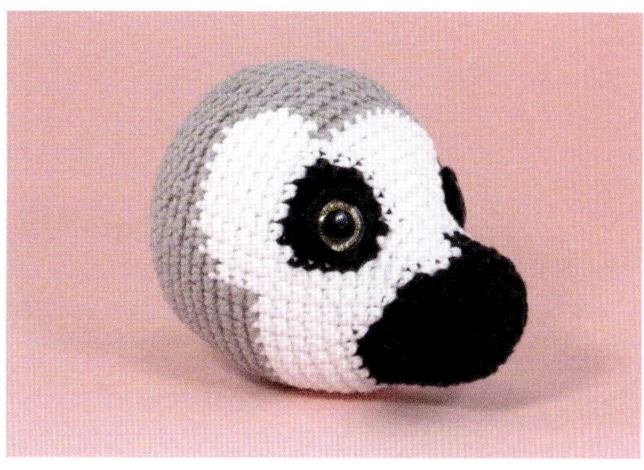

Rd 21: 11 fM, in Weiß 8 fM, in Mittelgrau 13 fM, in Weiß 8 fM, in Mittelgrau 11 fM (51 M).
Rd 22: 12 fM, in Weiß 6 fM, in Mittelgrau 15 fM, in Weiß 6 fM, in Mittelgrau 12 fM (51 M).
Rd 23: 18 fM, 1 Abn, 11 fM, 1 Abn, 16 fM, 1 Abn (48 M)
Rd 24: 48 fM (48 M).
Rd 25: (3 fM, 1 Abn, 11 fM) × 3 (45 M).

Tipp: Wer möchte, kann die Form des Kopfes präzise ausarbeiten. Hierzu wird die gleiche Technik wie beim Hasen (S. 59/60) und der Schildkröte (S. 92) angewandt. Orientieren Sie sich beim Ausstopfen am Foto oben, damit es gelingt, die betonten Augen gut in den Kopf zu integrieren.

Rd 26: 45 fM (45 M).
Rd 27: (10 fM, 1 Abn, 3 fM) × 3 (42 M).
Rd 28: (5 fM, 1 Abn) × 6 (36 M).
Rd 29: (2 fM, 1 Abn, 2 fM) × 6 (30 M).
Mit dem Ausstopfen des Kopfs beginnen.
Rd 30: (3 fM, 1 Abn) × 6 (24 M).
Rd 31: (1 fM, 1 Abn, 1 fM) × 6 (18 M).
Rd 32: (1 fM, 1 Abn) × 6 (12 M).
Rd 33: 6 Abn (6 M).
Den Faden auf einer Länge von 20 cm abschneiden. Den Kopf fertig ausstopfen. Das Häkelteil schließen und den Faden vernähen.

OHREN (2-MAL)

Vorderseite

In Dunkelgrau: Spiralrunden häkeln mit der Häkelnadel 2,50 mm. Dabei etwas fester häkeln als gewohnt oder eine 2,25-mm-Häkelnadel nutzen.
Rd 1: 6 fM in 1 Fadenring (6 M).
Rd 2: (3 fM in 1 M, 1 fM) × 3 (12 M).
Rd 3: (1 fM, 3 fM in 1 M, 2 fM) × 3 (18 M).
Rd 4: 1 fM, 3 fM in 1 M, 6 fM, 3 fM in 1 M, 6 fM, 3 fM in 1 M, 1 fM, 1 Km (24 M).
Einen Maschenmarkierer an M 4 der Rd 4 setzen.
Den Faden mit 10 cm Überschuss abschneiden, unsichtbar im Häkelteil vernähen und auf der Rückseite verknoten.

Rückseite

In Weiß: Spiralrunden häkeln mit der Häkelnadel 2,50 mm. Normal häkeln, ohne die Maschen fest anzuziehen.
Rd 1 bis 4: Wie Rd 1 bis 4 der Vorderseite häkeln.
Einen Maschenmarkierer an M 21 der Rd 4 setzen. Den Faden auf einer Länge von 40 cm abschneiden.

Ohr zusammenfügen

Je eine Vorder- und Rückseite rücklings zusammenlegen, sodass die markierten Maschen aufeinanderliegen. Mit dem weißen Fellgarn

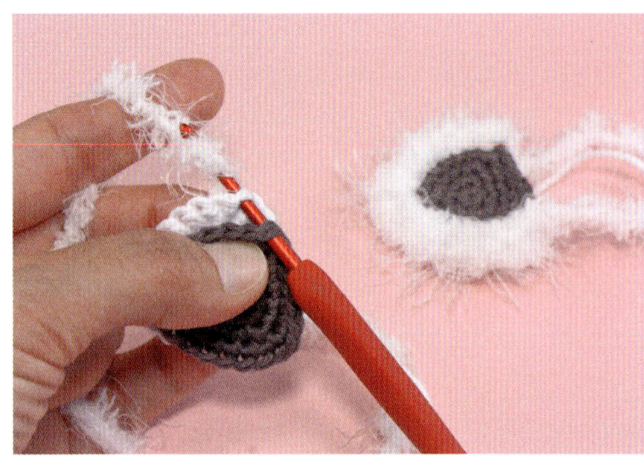

und einer 2,50-mm-Häkelnadel beide Teile am Rand aneinanderhäkeln.
In die markierten M einstechen (die dunkelgraue Seite ist Ihnen zugewandt) und etwa 15 cm Anfangsfaden lassen. Häkeln wie folgt: 1 Lm und 1 fM in dieselbe M, 7 fM, 1 Zun, 8 fM, 1 Km (19 M).
Den Faden auf einer Länge von 15 cm abschneiden.

BEINE (2-MAL)

In Mittelgrau: Spiralrunden häkeln mit der Häkelnadel 2,5 mm.
Rd 1: 7 fM in 1 Fadenring (7 M).
Rd 2: 7 Zun (14 M).
Rd 3: (1 Zun, 1 fM) × 7 (21 M).
Rd 4: 1 Zun, 9 fM, 1 Zun, 10 fM (23 M).

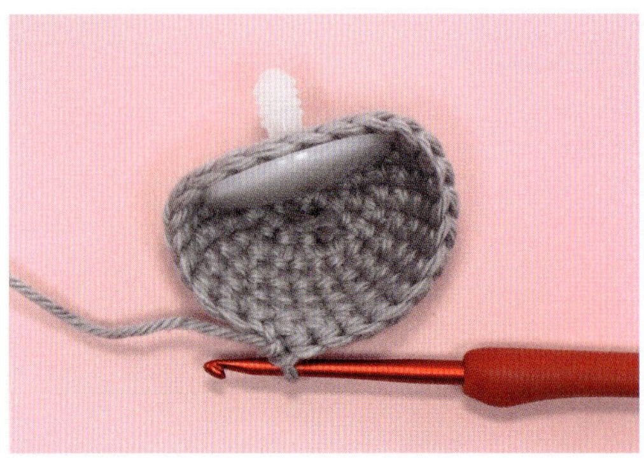

Rd 5: 1 Zun, 22 fM (24 M).
Rd 6 und 7: 24 fM (24 M).
Das 1. Element des 30-mm-Gelenks zwischen den Rd 4 und 5 in die M 8 der Rd 4 anbringen.

Das Element mit dem Stift so anbringen, dass sich der Kopf des Elements innen im Bein befindet und der Stift außen.

Rd 8: 5 fM, 1 Abn, 4 fM, 1 Abn, 11 fM (22 M).
Rd 9 und 10: 22 fM (22 M).
Rd 11: 3 fM, 1 Abn, 6 fM, 1 Abn, 9 fM (20 M).
Rd 12: 20 fM (20 M).
Rd 13: 12 fM, 1 Abn, 6 fM (19 M).
Rd 14: 1 Abn, 17 fM (18 M).
Leicht ausstopfen. Das restliche Füllmaterial nach und nach hinzufügen.
Rd 15: 18 fM (18 M).
Rd 16: 10 fM, 1 Abn, 6 fM (17 M).
Rd 17: 1 fM, 1 Abn, 14 fM (16 M).
Rd 18 bis 20: 16 fM (16 M).
Rd 21: 9 fM, 1 Abn, 5 fM (15 M).
Rd 22: 1 fM, 1 Abn, 12 fM (14 M).
Rd 23 bis 30: 14 fM (14 M).
Rd 31: 7 fM, **in Schwarz** 7 fM (14 M).
Rd 32: 14 fM (14 M).
Rd 33: 13 fM, 1 Km (14 M).
Den Faden auf einer Länge von 30 cm abschneiden. Das Bein fertig ausstopfen, dabei nicht zu viel Füllmaterial verwenden.

FÜSSE (2-MAL)

In Schwarz: Spiralrunden häkeln mit der Häkelnadel 2,5 mm.
Rd 1: 7 fM in 1 Fadenring (7 M).
Rd 2: 7 Zun (14 M).
Rd 3 bis 8: 14 fM (14 M).
Rd 9: 10 fM, die anderen M der Rd nicht häkeln (14 M).
Ganz leicht ausstopfen, dann die oberen Ränder des Stücks aneinanderdrücken und die Zehen in beide Maschenränder häkeln:
1 Luftmaschenkette mit 3 Lm häkeln. 2 fM in die 2. M von der Häkelnadel aus. Dann in die letzte Rd des Fußes häkeln: Die Häkelnadel von vorne nach hinten in die folgende M häkeln, dann von hinten nach vorne in die vorherige M häkeln, 1 fM häkeln.

* 1 Luftmaschenkette mit 3 Lm häkeln. 2 fM in die 2. M von der Häkelnadel aus. Die folgenden 2 M überspringen, die sich auf der letzten Rd des Fußes gegenüberliegen, und 1 fM in die folgenden 2 M häkeln. * Die Schritte von * bis * 1-mal wiederholen.
1 Luftmaschenkette mit 3 Lm häkeln. 2 fM in die 2. M von der Häkelnadel aus. Die folgenden 2 M überspringen, die sich auf der letzten Rd des Fußes gegenüberliegen, und 1 Km in die letzte M an der Außenseite des geplätteten Fußes häkeln. Den Faden mit 15 cm Überschuss abschneiden, unsichtbar im Häkelteil vernähen.

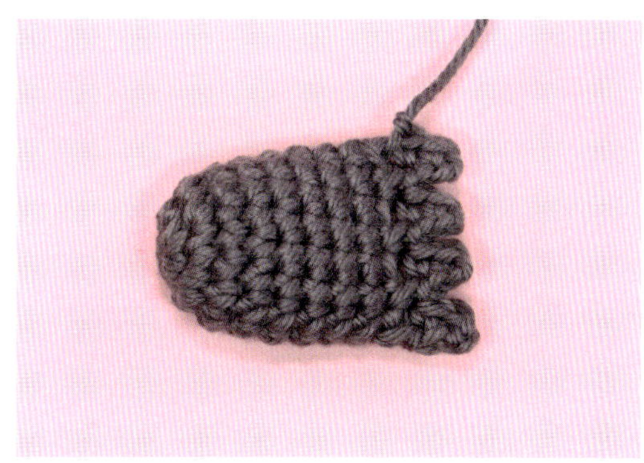

ARME (2-MAL)

In Mittelgrau: Spiralrunden häkeln mit der Häkelnadel 2,5 mm.
Rd 1: 6 fM in 1 Fadenring (6 M).
Rd 2: 1 Zun, 1 fM, 4 Zun (11 M).
Rd 3: 1 Zun, 6 fM, (1 Zun, 1 fM) × 2 (14 M).
Rd 4 bis 7: 14 fM (14 M).
Das 1. Element des 20-mm-Gelenks zwischen den Rd 4 und 5 in die M 5 der Rd 4 anbringen. Das Element mit dem Stift so anbringen, dass sich der Kopf des Elements innen im Arm befindet und der Stift außen.
Leicht ausstopfen. Das restliche Füllmaterial nach und nach hinzufügen.
Rd 8 bis 10: 14 fM (14 M).
Rd 11: 4 fM, 1 Abn, 8 fM (13 M).
Rd 12 bis 16: 13 fM (13 M).
Rd 17: 4 fM, (1 Zun, 1 fM) × 2, 2 fM, 2 Abn (13 M)
Die letzte Abn in die letzte M der aktuellen

Rd und die 1. M der nächsten Rd häkeln. Die nächste M als M 1 der Rd 18 markieren.
Rd 18: 13 fM (13 M).
Rd 19: 11 fM, 1 Abn (12 M).
Rd 20: 12 fM (12 M).
Rd 21: 10 fM, 1 Abn (11 M).
Rd 22 und 23: 11 fM (11 M).
Rd 24: 1 Abn, 9 fM (10 M).
Rd 25 und 26: 10 fM (10 M).
Rd 27: 6 fM, **in Schwarz** 4 fM (10 M).
Rd 28: 10 fM (10 M).
Rd 29: 9 fM, 1 Km (10 M).
Leicht ausstopfen, dann die Oberseite des Stücks flach aneinanderlegen und die Finger in beide Maschenränder häkeln:
* 1 Luftmaschenkette mit 5 Lm häkeln. 4 Km in die 2. M von der Häkelnadel aus. Dann in die letzte Rd des Arms häkeln: Die Häkelnadel von vorne nach hinten in die folgende M häkeln, dann von hinten nach vorne in die vorherige M häkeln, 1 Km häkeln. * Die Schritte von * bis * 4-mal wiederholen.
Den Faden mit 15 cm Überschuss abschneiden, unsichtbar im Häkelteil vernähen.

KÖRPER

In Mittelgrau: Spiralrunden häkeln mit der Häkelnadel 2,5 mm.
Rd 1: 6 fM in 1 Fadenring (6 M).
Rd 2: 6 Zun (12 M).
Rd 3: (1 fM, 1 Zun) × 6 (18 M).
Rd 4: (1 fM, 1 Zun, 1 fM) × 6 (24 M).
Rd 5: (3 fM, 1 Zun) × 6 (30 M).
Rd 6: (2 fM, 1 Zun, 2 fM) × 6 (36 M).
Rd 7: (5 fM, 1 Zun) × 6 (42 M).
Rd 8: 14 fM, (1 Zun, 6 fM) × 3, 7 fM (45 M).
Rd 9: 18 fM, (1 Zun, 7 fM) × 3, 3 fM (48 M).
Rd 10: 15 fM, (1 Zun, 8 fM) × 3, 6 fM (51 M).
Rd 11 bis 15: 51 fM (51 M).
Dann die Beine am Körper befestigen.
Den Gelenkstift des ersten Beins zwischen den Rd 12 und 13 in M 44 der Rd 12 einführen und mit der Gelenk-Unterlegscheibe im Körper fixieren. Den Stift des anderen Beins zwischen den Rd 12 und 13 in die M 18 der Rd 12 einführen und mit der Unterlegscheibe fixieren.
Rd 16 bis 19: 51 fM (51 M).
Mit dem Ausstopfen beginnen. Das restliche Füllmaterial nach und nach hinzufügen.
Rd 20: 19 fM, 1 Abn, (9 fM, 1 Abn) × 2, 8 fM (48 M).
Rd 21 bis 23: 48 fM (48 M).
Rd 24: 19 fM, 1 Abn, (8 fM, 1 Abn) × 2, 7 fM (45 M).
Rd 25 und 26: 45 fM (45 M).
Rd 27: 19 fM, 1 Abn, 6 fM), (1 Abn, 7 fM) × 2 (42 M).
Rd 28: 42 fM (42 M).
Rd 29: (5 fM, 1 Abn, 7 fM) × 3 (39 M).
Rd 30: (11 fM, 1 Abn) × 3 (36 M).
Rd 31: 36 fM (36 M).
Rd 32: (2 fM, 1 Abn, 8 fM) × 3 (33 M).
Rd 33: (7 fM, 1 Abn, 2 fM) × 3 (30 M).
Rd 34: 30 fM (30 M).
Rd 35: (3 fM, 1 Abn, 5 fM) × 3 (27 M).
Rd 36: (7 fM, 1 Abn) × 3 (24 M).
Rd 37: (1 fM, 1 Abn, 1 fM) × 6 (18 M).
Rd 38: 18 fM (18 M).
Rd 39: 17 fM, 1 Km (18 M).
Die Arme am Körper befestigen.
Den Gelenkstift des ersten Arms zwischen den Rd 34 und 35 in M 29 der Rd 34 einführen und mit der Gelenk-Unterlegscheibe im Körper fixieren.
Den Stift des anderen Arms zwischen den Rd 35 und 36 in die M 12 der Rd 35 einführen und mit der Unterlegscheibe fixieren.
Den Faden auf einer Länge von 30 cm abschneiden. Fertig ausstopfen.

BAUCH

In Weiß: Reihen häkeln mit der Häkelnadel 2,5 mm.
R 1: 9 Lm häkeln, am Anfang 1 m Faden lassen. 8 fM, dabei bei der 2. M von der Häkelnadel aus beginnen. Die Arbeit wenden (8 M).
R 2: 1 Lm, 1 fM, 1 Zun, 4 fM, 1 Zun, 1 fM, wenden (10 M).

R 3: 1 Lm, 3 fM, 1 Zun, 2 fM, 1 Zun, 3 fM, wenden (12 M).
R 4: 1 Lm, 2 fM, 1 Zun, 6 fM, 1 Zun, 2 fM, wenden (14 M).
R 5 bis 10: 1 Lm, 14 fM, wenden (14 M).
R 11: 1 Lm, 3 fM, 1 Abn, 4 fM, 1 Abn, 3 fM, wenden (12 M).
R 12 bis 14: 1 Lm, 12 fM, wenden (12 M).
R 15: 1 Lm, 3 fM, 1 Abn, 2 fM, 1 Abn, 3 fM, wenden (10 M).
R 16 bis 18: 1 Lm, 10 fM, wenden (10 M).
R 19: 1 Lm, (2 fM, 1 Abn) × 2, 2 fM, wenden (8 M).
R 20 bis 22: 1 Lm, 8 fM, wenden (8 M).
R 23: 1 Lm, 1 fM, 1 Abn, 2 fM, 1 Abn, 1 fM, wenden (6 M).
R 24: 1 Lm, 6 fM, wenden (6 M).
R 25: 1 Lm, 1 Zun, 4 fM, 1 Zun (8 M).
Nun in fM rund um den Bauch häkeln: Am Ende der R 25 nicht wenden, sondern entlang des vertikalen Bauchrands weiterhäkeln. 23 fM häkeln, dabei immer in die Lücken zwischen 2 R stechen.

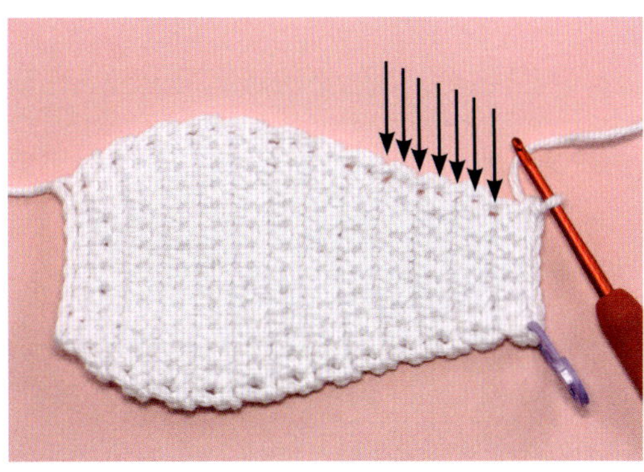

Weiter in die unteren Maschenglieder der Anfangsluftmaschenkette häkeln: 1 Zun, 6 fM, 1 Zun (10 M).
Auf der anderen Seite am vertikalen Rand des Bauchs weiterhäkeln, wieder wie im Bild oben gezeigt in die Lücken zwischen zwei R stechen: 23 fM.

Den Faden auf einer Länge von 1 m abschneiden. Den Faden unsichtbar vernähen und seine beiden Enden für die Naht aufheben.

SCHWANZ

Mit Pelzeffekt-Garn:

Mit der 10-mm-Häkelnadel gleichzeitig mit dem Baumwoll- und dem Pelzeffekt-Garn in Schwarz und Weiß häkeln. In Spiralrunden häkeln.
In Schwarz:
Rd 1: 5 fM in 1 Fadenring (5 M).
Rd 2: 5 Zun (10 M).
In Weiß:
Rd 3 und 4: 10 fM (10 M).
In Schwarz:
Rd 5 und 6: 10 fM (10 M).
In Weiß:
Rd 7 und 8: 10 fM (10 M).
In Schwarz:
Rd 9: 8 fM, 1 Abn (9 M).
Rd 10: 9 fM (9 M).
Mit dem Ausstopfen des Schwanzes beginnen. Hierbei ist es sinnvoll, ein Stück Strumpfhose aus Nylon in das Innere des Schwanzes einzuführen. Da die M aus Fellgarn recht weit auseinanderliegen, verhindert die Strumpfhose das Austreten des Füllmaterials. Nach und nach ganz leicht ausstopfen.
In Weiß:
Rd 11 bis 20: 9 fM, dabei immer 2 Rd Weiß und 2 Rd Schwarz abwechseln (9 M).
In Schwarz:
Rd 21: 7 fM, 1 Abn (8 M).
Rd 22: 8 fM (8 M).
In Weiß:
Rd 23: 1 fM, 1 Abn, 5 fM (7 M).
Rd 24: 7 fM (7 M).
In Schwarz: Die weißen Fäden vernähen.
Rd 25: 7 fM (7 M).
Rd 26: 4 fM, 1 Abn, 1 Km (6 M).
Fertig ausstopfen, dabei nur wenig Füllmaterial verwenden. Das Strumpfhosenstücke abschneiden, falls es übersteht, und das Häkelteil

mit einer Naht verschließen. Den Fellgarn-Faden auf einer Länge von 15 cm abschneiden und vernähen. Den schwarzen Faden auf einer Länge von 25 cm abschneiden und für die Naht aufheben.

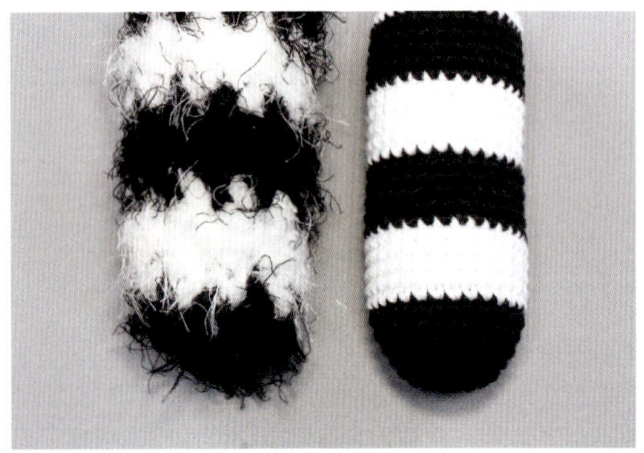

Alternative mit Baumwollgarn.

In Schwarz: In Spiralrunden häkeln. Nach und nach sehr leicht ausstopfen.

Rd 1: 6 fM in 1 Fadenring (6 M).
Rd 2: 6 Zun (12 M).
Rd 3: (1 fM, 1 Zun) × 6 (18 M).
Rd 4: (1 fM, 1 Zun, 4 fM) × 3 (21 M).
Rd 5: (5 fM, 1 Zun, 1 fM) × 3 (24 M).
Rd 6: (3 fM, 1 Zun, 4 fM) × 3 (27 M).
Rd 7: (8 fM, 1 Zun) × 3 (30 M).
Rd 8: 30 fM (30 M).

In Weiß:

Rd 9 bis 63: 30 fM, dabei immer 5 Rd Weiß und 5 Rd Schwarz abwechseln (30 M).

In Schwarz:

Rd 64: 30 fM (30 M).
Rd 65: (8 fM, 1 Abn) × 3 (27 M).
Rd 66: 27 fM (27 M).
Rd 67: (3 fM, 1 Abn, 4 fM) × 3 (24 M).
Rd 68: 24 fM (24 M).

In Weiß:

Rd 69: 24 fM (24 M).
Rd 70: (5 fM, 1 Abn, 1 fM) × 3 (21 M).
Rd 71: 21 fM (21 M).
Rd 72: (1 fM, 1 Abn, 4 fM) × 3 (18 M).
Rd 73: 17 fM, 1 Km (18 M).

Den Faden auf einer Länge von 25 cm abschneiden.

ZUSAMMENFÜGEN

Zuerst die Ohren mittig auf der Höhe von Rd 20 und 21 auf die weißen Stellen des Kopfs nähen. Mit dem weißen Baumwollgarn rund und um den Ohransatz nähen und die Fadenenden des Fellgarns in den Kopf einziehen.

Den Bauch mittig zwischen die Gliedmaßen legen, auf die Rd 9 bis 36 des Körpers. Mithilfe der beiden Fadenenden rundherum annähen.

Darauf achten, dass der Bauch auf der richtigen Seite liegt: Der flache Teil des Körpers muss nach vorne zeigen. Sie können sich hierbei an den Abnahmen orientieren, die bei den Rd 20, 24 und 27 des Körpers gemacht wurden. Sie müssen sich auf der Rückseite befinden und nicht auf der Bauchseite.

Die letzten Rd der Beine an die Ferse jedes Fußes nähen.

Den Körper dann an die Rd 17 bis 22 des Kopfs nähen.

Wurden keine Gelenke verwendet, werden die Gliedmaßen nun mit dem Garn in Mittelgrau angenäht. Die Oberarme so positionieren und feststecken, dass sie mit den Ohren und der vorletzten Rd des Körpers auf einer Linie liegen, und rund um die ersten 4 Rd jedes Arms nähen.

Die Beine so positionieren, dass sie ganz leicht hinter den Armen sitzen. Je nachdem, wie Sie die Beine befestigen, wird Ihr Lemur stehen oder sitzen. Bei der Sitzposition sollten Sie vor dem Annähen der Beine sicherstellen, dass der Lemur nicht umfällt. Rund um die 7 oder 8 ersten Rd jedes Beins nähen.

Die letzte Rd des Schwanzes mithilfe des am Ende aufbewahrten schwarzen Garns auf die Rd 9 bis 11 des Körpers nähen.

BABY

KOPF

In Schwarz: Spiralrunden häkeln mit der Häkelnadel 2,5 mm.

Rd 1: 5 fM in 1 Fadenring (5 M).

Rd 2: 5 Zun (10 M).
Rd 3: (1 Zun, 1 fM) × 5 (15 M).
Rd 4 bis 6: 15 fM (15 M).
Rd 7: 3 fM, **in Weiß** 2 fM, 1 Zun, in Schwarz 1 fM, in Weiß 1 Zun, 2 fM, in Schwarz 4 fM, 1 Zun (18 M).
Rd 8: 3 fM, in Weiß (1 Zun, 1 fM) × 6, 3 fM (24 M).
Rd 9: 3 fM, 1 Zun, 2 fM, in Schwarz 1 Zun, 1 fM, in Weiß 1 fM, 1 Zun, 2 fM, 1 Zun, in Schwarz 3 fM, in Weiß 1 fM in dieselbe M, 2 fM, 1 Zun, 5 fM (30 M).
Rd 10: 7 fM, in Schwarz 2 fM, 1 Zun, in Weiß 3 fM, 1 Zun, 3 fM, in Schwarz 1 Zun, 2 fM, in Weiß 10 fM (33 M).
Rd 11: 7 fM, in Schwarz 4 fM, in Weiß 8 fM, in Schwarz 4 fM, in Weiß 10 fM (33 M).
Die Augen zwischen den Rd 9 und 10 in die M 9 und 19 der Rd 9 einsetzen, also auf die Mitte der schwarzen Flecken.

Tipp: Für die Lemuren werden Glitzeraugen verwendet. Damit diese besonders gut zur Geltung kommen, wird ein kleiner Ring aus schwarzem Garn gehäkelt: 11 Lm und 10 fM, mit der 2. M von der Häkelnadel aus beginnen.
Den Faden auf einer Länge von 20 cm abschneiden. Die R um das Auge legen und mit ein paar Nadelstichen annähen. Die 2 Enden des Rings auf der Rückseite verknoten und abschneiden.

Rd 12: 7 fM, 1 Zun, 4 fM, **in Dunkelgrau** 2 fM, 1 Zun, 3 fM, in Weiß 4 fM, 1 Zun, 10 fM (36 M).
Rd 13: 13 fM, in Dunkelgrau 7 fM, in Weiß 7 fM, in Dunkelgrau 9 fM (36 M).
Rd 14: 6 fM, in Weiß 7 fM, in Dunkelgrau 7 fM, in Weiß 7 fM, in Dunkelgrau 9 fM (36 M).
Rd 15: 7 fM, in Weiß 5 fM, in Dunkelgrau 9 fM, in Weiß 5 fM, in Dunkelgrau 10 fM (36 M).
Rd 16: 12 fM, 1 Abn, 5 fM, 1 Abn, 13 fM, 1 Abn (33 M)
Rd 17: 33 fM (33 M).
Rd 18: (4 fM, 1 Abn, 5 fM) × 3 (30 M).
Mit dem Ausstopfen des Kopfs beginnen.
Rd 19: (3 fM, 1 Abn, 5 fM) × 3 (27 M).
Rd 20: (7 fM, 1 Abn) × 3 (24 M).
Rd 21: (1 fM, 1 Abn, 1 fM) × 6 (18 M).
Rd 22: (1 fM, 1 Abn) × 6 (12 M).
Rd 23: 6 Abn (6 M).
Den Faden auf einer Länge von 20 cm abschneiden. Den Kopf fertig ausstopfen. Das Häkelteil schließen und den Faden vernähen.

Tipp: Wer möchte, kann die Form des Kopfes präzise ausarbeiten. Hierzu wird die gleiche Technik wie beim Hasen (S. 59/60) und der Schildkröte (S. 92) angewandt. Orientieren Sie sich beim Ausstopfen am Foto oben, damit es gelingt, die betonten Augen gut in den Kopf zu integrieren.

OHREN (2-MAL)

Vorderseite

In Mittelgrau: Spiralrunden häkeln mit der Häkelnadel 2,50 mm. Etwas fester häkeln als gewohnt oder eine 2,25-mm-Häkelnadel nutzen.
Rd 1: 5 fM in 1 Fadenring (5 M).
Rd 2: (3 fM in 1 M, 1 fM) × 2, 3 fM in 1 M (11 M).
Rd 3: 1 fM, (3 fM in 1 M, 3 fM) × 2, 3 fM in 1 M, 1 Km (17 M).
Einen Maschenmarkierer an M 3 der Rd 3 setzen. Den Faden mit 10 cm Überschuss abschneiden, unsichtbar im Häkelteil vernähen und auf der Rückseite verknoten.

Rückseite

In Weiß: Spiralrunden häkeln mit der Häkelnadel 2,50 mm. Normal häkeln, ohne die Maschen fest anzuziehen.
Rd 1 bis 3: Wie Rd 1 bis 3 der Vorderseite häkeln.

Einen Maschenmarkierer an M 16 der Rd 3 setzen.
Den Faden auf einer Länge von 30 cm abschneiden.

Ohr zusammenfügen

Je eine Vorder- und Rückseite rücklings zusammenlegen, sodass die markierten Maschen aufeinanderliegen. Mit dem weißen Fellgarn und einer 2,50-mm-Häkelnadel beide Teile am Rand aneinanderhäkeln.
In die markierten M einstechen, wobei die mittelgraue Seite Ihnen zugewandt sein sollte und etwa 10 cm Anfangsfaden lassen. Häkeln wie folgt: 1 Lm, 1 fM in die nächste M, 5 fM, 1 Zun, 5 fM.
Den Faden auf einer Länge von 10 cm abschneiden.

BEINE (2-MAL)

In Dunkelgrau: Spiralrunden häkeln mit der Häkelnadel 2,5 mm.
Rd 1: 7 fM in 1 Fadenring (7 M).
Rd 2: 7 Zun (14 M).
Rd 3 bis 6: 14 fM (14 M).
Das 1. Element des 20-mm-Gelenks zwischen den Rd 4 und 5 in die M 6 der Rd 4 anbringen. Das Element mit dem Stift so anbringen, dass sich der Kopf des Elements innen im Bein befindet und der Stift außen.
Rd 7: 14 fM (14 M).
Rd 8: 3 fM, 1 Abn, 2 fM, 1 Abn, 5 fM (12 M).
Rd 9 und 10: 12 fM (12 M).
Rd 11: 10 fM, 1 Abn (11 M).
Rd 12 und 13: 11 fM (11 M).
Rd 14: 5 fM, 1 Abn, 4 fM (10 M).
Rd 15 bis 20: 10 fM (10 M).
Rd 21: 7 fM, **in Weiß** 3 fM (10 M).
Rd 22 und 23: 10 fM (10 M).
Rd 24: 1 Abn, 3 fM, 1 Abn, 2 fM, 1 Km (8 M).
Den Faden auf einer Länge von 25 cm abschneiden.
Das Bein fertig ausstopfen, dabei nicht zu viel Füllmaterial verwenden.

ARME (2-MAL)

In Dunkelgrau: Spiralrunden häkeln mit der Häkelnadel 2,5 mm.
Rd 1: 6 fM in 1 Fadenring (6 M).
Rd 2: (1 Zun, 1 fM) × 3 (9 M).
Rd 3 bis 5: 9 fM (9 M).
Das 1. Element des 12-mm-Gelenks zwischen den Rd 3 und 4 in die M 4 der Rd 3 anbringen. Das Element mit dem Stift so anbringen, dass sich der Kopf des Elements innen im Arm befindet und der Stift außen.
Rd 6: 9 fM (9 M).
Rd 7: 3 fM, 1 Abn, 4 fM (8 M).
Rd 8 bis 10: 8 fM (8 M).
Rd 11: 3 fM, 1 Abn, 3 fM (7 M).
Rd 12 bis 15: 7 fM (7 M).
Rd 16: 5 fM, **in Weiß** 2 fM (7 M).
Rd 17: 7 fM (7 M).
Rd 18: 6 fM, 1 Km (7 M).
Den Faden mit 15 cm Überschuss abschneiden.
Das Häkelteil schließen und Faden vernähen.

KÖRPER

In Dunkelgrau: Spiralrunden häkeln mit der Häkelnadel 2,5 mm.
Rd 1: 6 fM in 1 Fadenring (6 M).
Rd 2: 6 Zun (12 M).
Rd 3: (1 Zun, 1 fM) × 6 (18 M).
Rd 4: (1 fM, 1 Zun, 1 fM) × 6 (24 M).
Rd 5: (3 fM, 1 Zun) × 6 (30 M).
Rd 6 bis 10: 30 fM (30 M).
Nun die Beine am Körper befestigen.
Den Gelenkstift des ersten Beins zwischen den Rd 7 und 8 in M 8 der Rd 7 einführen und mit der Gelenk-Unterlegscheibe im Körperinneren fixieren.
Den Stift des anderen Beins zwischen den Rd 7 und 8 in die M 23 der Rd 7 einführen und mit der Unterlegscheibe fixieren.
Rd 11: (8 fM, 1 Abn) × 3 (27 M).
Rd 12 und 13: 27 fM (27 M).
Rd 14: (3 fM, 1 Abn, 4 fM) × 3 (24 M).
Rd 15 und 16: 24 fM (24 M).

Mit dem Ausstopfen beginnen. Das restliche Füllmaterial nach und nach hinzufügen.
Rd 17: (5 fM, 1 Abn, 1 fM) × 3 (21 M).
Rd 18 und 19: 21 fM (21 M).
Rd 20: (1 fM, 1 Abn, 4 fM) × 3 (18 M).
Rd 21: (4 fM, 1 Abn) × 3 (15 M).
Weiter ausstopfen.
Rd 22: (1 fM, 1 Abn, 2 fM) × 3 (12 M).
Die Arme am Körper befestigen.
Den Gelenkstift des ersten Arms zwischen den Rd 19 und 20 in M 7 der Rd 19 einführen und mit der Gelenk-Unterlegscheibe im Körperinneren fixieren.
Den Stift des anderen Arms zwischen den Rd 19 und 20 in die M 18 der Rd 19 einführen und mit der Unterlegscheibe fixieren.
Rd 23: 11 fM, 1 Km (12 M).
Den Faden auf einer Länge von 30 cm abschneiden. Fertig ausstopfen.

BAUCH

In Weiß: Reihen häkeln mit der Häkelnadel 2,5 mm.
R 1: 5 Lm häkeln, 40 cm Anfangsfaden lassen. 4 fM, dabei bei der 2. M von der Häkelnadel aus beginnen. Die Arbeit wenden (4 M).
R 2: 2 Lm, 1 fM, 1 Zun, 1 fM, wenden (6 M).
R 3: 1 Lm, 6 fM, wenden (6 M).
R 4: 1 Lm, 1 fM, 1 Zun, 2 fM, 1 Zun, 1 fM, wenden (8 M).
R 5: 1 Lm, 8 fM, wenden (8 M).
R 6: 1 Lm, 3 fM, 1 Abn, 3 fM, wenden (7 M).
R 7: 1 Lm, 7 fM, wenden (7 M).
R 8: 1 Lm, 2 fM, 1 Abn, 3 fM, wenden (6 M).
R 9: 1 Lm, 6 fM, wenden (6 M).
R 10: 1 Lm, 2 fM, 1 Abn, 2 fM, wenden (5 M).
R 11: 1 Lm, 5 fM, wenden (5 M).
R 12: 1 Lm, 1 fM, 1 Abn, 2 fM, wenden (4 M).
R 13: 1 Lm, 4 fM, wenden (4 M).
R 14: 1 Lm, 1 Zun, 1 Abn, 1 Zun (5 M).
Nun in fM rund um den Bauch häkeln: Am Ende der R 14 nicht wenden, sondern entlang des vertikalen Bauchrands weiterhäkeln. 12 fM häkeln, dabei immer in die Lücken zwischen 2 R stechen (s. Foto S. 71).
Weiter in die unteren Maschenglieder der Anfangsluftmaschenkette häkeln: 1 Zun, 2 fM, 1 Zun (6 M).
Auf der anderen Seite am vertikalen Rand des Bauchs weiterhäkeln, wieder in die Lücken zwischen zwei R stechen: 12 fM.
Den Faden auf einer Länge von 50 cm abschneiden.
Den Faden unsichtbar vernähen und seine beiden Enden für die Naht aufheben.

SCHWANZ

In Schwarz: Mit der 2,50-mm-Häkelnadel in Spiralrunden häkeln. Nach und nach sehr leicht ausstopfen.
Rd 1: 5 fM in 1 Fadenring (5 M).
Rd 2: 5 Zun (10 M).
Rd 3: (1 Zun, 1 fM) × 5 (15 M).
Rd 4: 15 fM (15 M).
Rd 5: (1 fM, 1 Zun, 1 fM) × 5 (20 M).
In Weiß:
Rd 6 bis 17: 20 fM, dabei immer 3 Rd Weiß und 3 Rd Schwarz abwechseln (20 M).
In Weiß:
Rd 18: 20 fM (20 M).
Rd 19: (4 fM, 1 Abn, 4 fM) × 2 (18 M).
Rd 20: 18 fM (18 M).
In Schwarz:
Rd 21: 18 fM (18 M).
Rd 22: (1 Abn, 7 fM) × 2 (16 M).
Rd 23: 16 fM (16 M).
In Weiß:
Rd 24: 16 fM (16 M).
Rd 25: (3 fM, 1 Abn, 3 fM) × 2 (14 M).
Rd 26: 14 fM (14 M).
In Schwarz:
Rd 27: 14 fM (14 M).
Rd 28: (1 Abn, 5 fM) × 2 (12 M).
Rd 29: (1 Abn, 4 fM) × 2 (10 M).
Den Faden auf einer Länge von 25 cm abschneiden.

ZUSAMMENFÜGEN

Zuerst die Ohren auf Höhe der Rd 14 und 15 mittig auf die weißen Stellen des Kopfs nähen. Mit dem weißen Baumwollgarn rund und um die Basis nähen und die Fadenenden des Fellgarns in den Kopf einziehen.

Den Körper dann an die Rd 12 bis 15 des Kopfs nähen. Vor dem Annähen sicherstellen, dass der Kopf auch wirklich richtig herum sitzt. Wenn Gelenke verwendet werden, sind Arme und Beine auf einer Seite des Körpers symmetrisch (Körpervorderseite) und auf der anderen Seite asymmetrisch (Körperrückseite). In diesem Fall sollte der Kopf auf die Seite gedreht werden, auf der die Gliedmaßen symmetrisch sind. Wer sich dafür entscheidet, die Beine direkt ohne Gelenk anzunähen, braucht nicht darauf zu achten. in welche Richtung der Kopf zeigt.

In diesem Fall werden die Gliedmaßen nun mit einem Stück dunkelgrauen Garns angenäht. Die Oberarme so positionieren und feststecken, dass sie mit den Ohren und der vorletzten Rd des Körpers auf einer Linie liegen, und rund um die ersten 3 oder 4 Rd jedes Arms nähen.

Die Beine so positionieren, dass sie leicht hinter den Armen sitzen. Je nachdem, wie Sie die Beine befestigen, wird Ihr Lemur stehen oder sitzen (bei der Sitzposition vor dem Annähen der Beine sicherstellen, dass der Lemur nicht umfällt). Rund um die 5 oder 6 ersten Rd jedes Beins nähen.

Den Bauch mittig zwischen die Gliedmaßen legen, auf die Rd 7 bis 21 des Körpers. Mithilfe der beiden Fadenenden rundherum annähen.

Die letzte Rd des Schwanzes mithilfe des am Ende aufbewahrten schwarzen Garns auf die Rd 5 bis 6 des Körpers nähen.

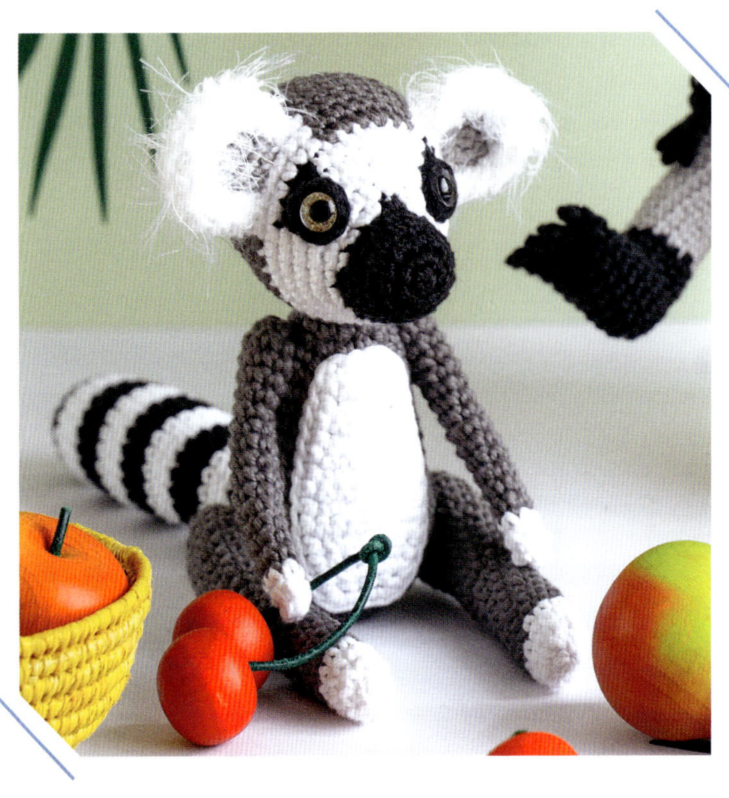

Die Pinguinfamilie

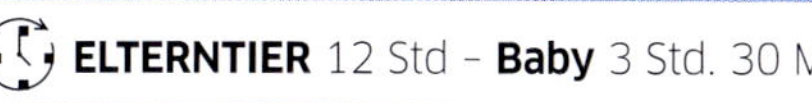
ELTERNTIER 12 Std – **Baby** 3 Std. 30 Min.

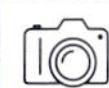
S. 16

Abmessungen

Ungefähre Höhe: Elterntier 22 cm – Baby 10,5 cm

Material

› 1 × Häkelnadel 2,50 mm

ELTERNTIER

› DMC Happy Cotton, 20 g, 43 m: Farbe 775 (Schwarz), 45 g; Farbe 762 (Weiß), 38 g; Farbe 761 (Wollweiß), 3 g; Farbe 770 (Creme), 5 g; Farbe 794 (Senfgelb), 3 g; Farbe 792 (Hellorange), 9 g; Farbe 774 (Dunkelgrau), 7 g
› 2 schwarze Sicherheitsaugen, 9 mm

Baby

› DMC Happy Cotton, 20 g, 43 m: Farbe 775 (Schwarz), 9 g; Farbe 762 (Weiß), 6 g; Farbe 774 (Dunkelgrau), 1 g
› DMC Happy Chenille,15 g, 38 m: Farbe 12 (Mittelgrau), 15 g. Dieses Garn reißt schnell, wenn Maschen aufgrund von Fehlern aufgezogen werden müssen. Daher ist es ratsam, ein zweites Knäuel parat zu haben.
› 2 schwarze Sicherheitsaugen, 6 mm

HINWEIS

Der Aufbau des Elterntiers ist recht originell. Es ist also kein Wunder, wenn Sie auf den ersten Blick etwas verunsichert sind. Doch die Positionierung der verschiedenen Häkelteile ist gut durchdacht und wurde so gestaltet, dass möglichst wenig Nähte benötigt werden, damit das Modell auch für Anfänger nachzuhäkeln ist.

Zuerst werden der Kopf, der Rücken und der Schwanz des Pinguins an einem Stück gehäkelt. Danach werden die Schenkel und der Körper angefertigt, ebenfalls an einem Stück. Schließlich wird der Kopf vorne an den Körper gehäkelt und der Rücken hinten an den Körper genäht.

Es finden recht viele Farbwechsel statt. Bei diesem Modell führe ich die Fäden weiter, wenn gleichfarbige Maschen nah beieinanderliegen. Fäden, die weiter auseinanderliegen, werden bei jedem Farbwechsel abgeschnitten und auf der Rückseite vernäht.

Das Baby besteht teilweise aus Chenillegarn. Auch ohne Erfahrung lässt sich diese Garnart einfach verarbeiten. Allerdings lassen sich die Maschen nur schwer wieder aufziehen. Daher rate ich zu einer ruhigen Umgebung und viel Sorgfalt, damit beim Zählen der Maschen keine Fehler passieren. Diese Art Garn eignet sich nicht für einen Fadenring am Anfang der Arbeit. Daher wird die 1. Rd der Häkelteile jeweils in eine Lm gehäkelt.

Damit der Kopf schön am Körper sitzt, ist es am besten, eine Naht zu machen, bei der die fM imitiert werden.

ELTERNTIER

KOPF, RÜCKEN UND SCHWANZ

In Schwarz: Spiralrunden häkeln.
Rd 1: 6 fM in 1 Fadenring (6 M).
Rd 2: 6 Zun (12 M).
Rd 3: (1 fM, 1 Zun) × 6 (18 M).
Rd 4: (1 fM, 1 Zun, 1 fM) × 6 (24 M).
Rd 5: 2 fM, **in Weiß** 1 fM, in Schwarz (1 Zun, 3 fM) × 2, in Weiß 1 fM, in Schwarz 1 fM in dieselbe M, (3 fM, 1 Zun) × 3 (30 M).
Rd 6: 2 fM, in Weiß 2 fM, in Schwarz 1 fM, 1 Zun, 5 fM, 1 Zun, in Weiß 2 fM, in Schwarz 3 fM, 1 Zun, (5 fM, 1 Zun) × 2 (35 M).
Rd 7: 3 fM, in Weiß 1 Zun, 1 fM, in Schwarz 5 fM, 1 Zun, 2 fM, in Weiß 3 fM, in Schwarz 1 fM, 1 Zun, (6 fM, 1 Zun) × 2, 2 fM, in Weiß 1 fM (40 M).
Rd 8: 1 fM, in Schwarz 2 fM, in Weiß 3 fM, in Schwarz 1 fM, 1 Zun, 7 fM, in Weiß 1 Zun, 2 fM, in Schwarz 2 fM, in Weiß 2 fM, in Schwarz 1 fM, (1 Zun, 7 fM) × 2, 1 fM, in Weiß 1 fM in dieselbe M (45 M).
Rd 9: 2 fM, in Schwarz 2 fM, in Weiß 1 fM, **in Creme** 1 fM in dieselbe M, 1 fM, in Weiß 1 fM, in Schwarz 6 fM, 1 Zun, 2 fM, in Weiß 1 fM, in Creme 2 fM, in Weiß 1 fM, in Schwarz 2 fM, in Weiß 1 Zun, 1 fM, in Schwarz 7 fM, 1 Zun, 8 fM, 1 Zun, 3 fM, in Weiß 1 fM (50 M).
Rd 10: 4 fM, in Creme 4 fM, in Weiß 1 fM, in Schwarz 1 Zun, 8 fM, in Weiß 1 fM, in Creme 1 Zun, 2 fM, in Weiß 5 fM, in Schwarz 2 fM, (1 Zun, 9 fM) × 2, 1 fM, in Weiß 1 fM in dieselbe M (55 M).
Rd 11: 2 fM, in Creme 2 fM, **in Senfgelb** 2 fM, in Creme 1 fM, in Senfgelb 1 fM, in Weiß 1 fM, in Schwarz 10 fM, in Weiß 1 fM, in Senfgelb 1 fM, in Creme 1 fM, in Senfgelb 2 fM, in Creme 2 fM, in Weiß 3 fM, in Schwarz (6 fM, 1 Zun) × 3, 4 fM, in Weiß 1 fM (58 M).
Rd 12: 1 fM, in Creme 1 fM, in Schwarz 1 fM, in Creme 2 fM, in Senfgelb 3 fM, in Weiß 1 fM, in Schwarz 10 fM, in Weiß 1 fM, in Senfgelb 3 fM, in Creme 2 fM, in Schwarz 1 fM, in Creme 1 fM, in Weiß 2 fM, in Schwarz 28 fM, in Weiß 1 fM (58 M).
Rd 13: 1 fM, in Schwarz 3 fM, **in Hellorange** 2 fM, in Senfgelb 1 fM, in Hellorange 1 fM, in Weiß 1 fM, in Schwarz 10 fM,
in Weiß: 1 fM, in Hellorange 1 fM, in Senfgelb 1 fM, in Hellorange 2 fM, in Schwarz 3 fM, in Weiß 2 fM, in Schwarz 10 fM, 1 Zun, 7 fM, 1 Zun, 10 fM (60 M).
Rd 14a: in Weiß 1 fM, in Schwarz 3 fM, in Hellorange 4 fM, in Schwarz 1 fM, 1 Zun, 9 fM, 1 Zun, in Hellorange 4 fM, in Schwarz 4 fM, in Weiß 1 fM, die nächste M der Rd 13 markieren, in Schwarz 15 Lm, die letzten 31 M überspringen (46 M).
Durch die Luftmaschenkette wird die Häkelarbeit in zwei Teile getrennt. Zuerst wird der Kopf um Rd 14a und die Luftmaschenkette gehäkelt, wobei bei M 1 der Rd 14a begonnen wird. Dann wird der schwarze Rücken des Pinguins in die M der Rd 13 gehäkelt, die beim Häkeln der Rd 14 ausgelassen wurden, wobei an der markierten M der Rd 13 begonnen wird. Bei Bedarf können Sie sich am Foto des Eselkopfs auf S. 34 orientieren, der auf die gleiche Art und Weise angefertigt wird.

Kopf

Rd 15a: 1 fM in die 1. M der Rd 14a, um die Luftmaschenkette zu befestigen. 4 fM, in Hellorange 2 fM, in Schwarz 16 fM, in Hellorange 2 fM, in Schwarz 6 fM, in das hMg der Luftmaschenkette 15 fM (46 M).
Das untere Maschenglied von M 1 der Luftmaschenkette markieren, in die M 32 von Rd 15a gehäkelt wurde. Dieser Maschenmarkierer dient als Orientierungspunkt zum Befestigen des Kopfes am Körper.
Rd 16a: 6 fM, in Hellorange 1 fM, in Schwarz 17 fM, in Hellorange 1 fM, in Schwarz 5 fM, 1 Abn, 14 fM (45 M).
Rd 17a: 1 Abn, 31 fM, 1 Abn, 6 fM, 1 Abn, 2 fM (42 M).
Rd 18a: 9 fM, 1 Abn, 8 fM, 1 Abn, 7 fM, 1 Abn, 3 fM, 1 Abn, 2 fM, 1 Abn, 3 fM (37 M).
Rd 19a: 1 Abn, 35 fM (36 M).
Rd 20a: 36 fM (36 M).

Die Sicherheitsaugen zwischen den Rd 18a und 19a in die M 8 und 22 der Rd 18a einsetzen. Mit einem Stück weißem Garn eine kurze Linie bündig an die Außenseite jedes Auges sticken.
Rd 21a: (8 fM, 1 Abn, 2 fM) × 3 (33 M).
Rd 22a: (2 fM, 1 Abn, 7 fM) × 3 (30 M).
Rd 23a: (3 fM, 1 Abn) × 6 (24 M).
Rd 24a: (1 fM, 1 Abn, 1 fM) × 6 (18 M).
Rd 25a: (1 fM, 1 Abn) × 6 (12 M).
Rd 26a: 6 Abn (6 M).
Den Faden auf einer Länge von 15 cm abschneiden. Noch nicht ausstopfen oder verschließen.

Rücken

An der markierten M der Rd 14a fortfahren. Den Maschenmarkierer an der Masche belassen, er wird später noch gebraucht.
Dieser Teil wird in R an die 31 M am Kopf gehäkelt, die bei Rd 14a übersprungen wurden.
R 14b: Einen schwarzen Faden in diese M einfädeln, 1 Lm und 1 fM in dieselbe M, 30 fM, wenden (31 M).
R 15b bis 18b: 1 Lm, 31 fM, wenden (31 M).
R 19b: 1 Lm, die 1 M überspringen, 30 fM, wenden (30 M).
R 20b: 1 Lm, die 1 M überspringen, 29 fM, wenden (29 M).
R 21b bis 35b: 1 Lm, 29 fM, wenden (29 M).
R 36b: 1 Lm, die 1 M überspringen, 28 fM, wenden (28 M).
R 37b: 1 Lm, die 1 M überspringen, 27 fM, wenden (27 M).
R 38b: 1 Lm, die 1 M überspringen, 26 fM, wenden (26 M).
R 39b: 1 Lm, die 1 M überspringen, 25 fM, wenden (25 M).
R 40b: 1 Lm, die 1 M überspringen, 24 fM, wenden (24 M).
R 41b: 1 Lm, die 1 M überspringen, 23 fM, wenden (23 M).
R 42b: 1 Lm, die 1 M überspringen, 22 fM, wenden (22 M).
R 43b: 1 Lm, die 1 M überspringen, 21 fM, wenden (21 M).
R 44b: 1 Lm, die 1 M überspringen, 4 fM, 1 Abn, 7 fM, 1 Abn, 5 fM, wenden (18 M).
R 45b: 1 Lm, die 1 M überspringen, 17 fM, wenden (17 M).
R 46b: 1 Lm, die 1 M überspringen, (4 fM, 1 Abn) × 2, 4 fM, wenden (14 M).
R 47b: 1 Lm, die 1 M überspringen, 13 fM, das vMg der 1. M der R markieren, wenden (13 M).

1. Teil des Schwanzes

R 48b: 1 Lm, die 1 M überspringen, 12 fM vMg, wenden (12 M).
R 49b bis 50b: 1 Lm, 12 fM, wenden (12 M).
R 51b: 1 Lm, die 1 M überspringen, 11 fM, wenden (11 M).
R 52b: 1 Lm, die 1 M überspringen, 10 fM, wenden (10 M).
R 53b: 1 Lm, die 1 M überspringen, 9 fM, wenden (9 M).
R 54b: 1 Lm, die 1 M überspringen, 8 fM, wenden (8 M).
R 55b: 1 Lm, die 1 M überspringen, 7 fM, wenden (7 M).
R 56b: 1 Lm, die 1 M überspringen, 6 fM, wenden (6 M).
R 57b: 1 Lm, die 1 M überspringen, 5 fM, wenden (5 M).
Den Faden mit 10 cm Überschuss abschneiden und unsichtbar auf der Rückseite der Arbeit vernähen.

2. Teil des Schwanzes

In Weiß: In R häkeln.
R 48c: Einen Faden in das markierte Maschenglied von R 47b einfädeln, 1 Lm, die 1. M überspringen, 12 fM in die sichtbar gebliebene Linie aus vMg, wenden (12 M).
R 49c bis 57c: Wie R 49b bis 57b des 1. Teils des Schwanzes häkeln.
Den Faden mit 10 cm Überschuss abschneiden und unsichtbar auf der Rückseite der Arbeit vernähen.

Der Rand des Rückens:

In Schwarz:

Einen Faden in die M einfädeln, an der anfangs der Maschenmarkierer belassen wurde, 60 cm Anfangsfaden lassen. Dann rund um den Rücken und die 2 Schwanzteile in die Lücken zwischen 2 R häkeln. Siehe hierzu Foto des Lemurenbauchs auf S. 71, um zu verstehen, wo die Häkelnadel eingestochen wird.

1 Lm und 1 fM in dieselbe M. Weiter am Rand des Rückens entlang: 33 fM.

Am Rand des Schwanzes, in beide Häkelteile: 9 fM. In die 5 M der letzten R der 2 Schwanzteile, in beide Häkelteile: 1 Zun, 3 fM, 1 Zun. Entlang der anderen Schwanzseite, Richtung Kopf, in beide Häkelteile: 4 fM, Schwanz ausstopfen, 5 fM. Nach oben am Rand des Rückens entlang: 34 fM, mit 1 Km in die nächste M des Kopfes abschließen.

Den Faden auf einer Länge von 60 cm abschneiden.

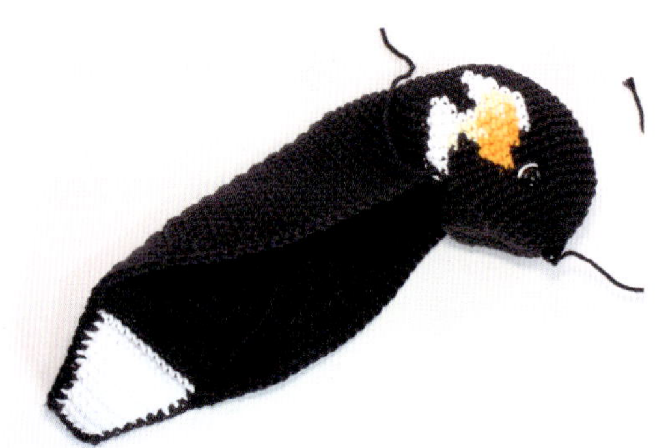

KÖRPER

1. Schenkel

In Weiß: Spiralrunden häkeln.

Rd 1: 8 fM in 1 Fadenring (8 M).

Rd 2: (1 Zun, 1 fM) × 4 (12 M).

Rd 3: (2 fM, 1 Zun) × 4 (16 M).

Rd 4: (1 Zun, 3 fM) × 4 (20 M).

Rd 5: (2 fM, 1 Zun, 2 fM) × 4 (24 M).

Rd 6: (1 Zun, 3 fM) × 5, 1 Zun, 2 fM, 1 Km (30 M).

Den Faden auf einer Länge von 10 cm abschneiden. Unsichtbar im Häkelteil vernähen und auf der Innenseite verknoten. Einen Maschenmarkierer an M 18 der Rd 6 setzen.

2. Schenkel und Körper

Rd 1 bis 5: wie die Rd 1 bis 5 des 1. Schenkels häkeln.

Rd 6: (1 Zun, 3 fM) × 6 (30 M).

Der erste Schenkel wird bei Rd 7 an den zweiten gehäkelt.

Rd 7: Den Schenkel zusammenfügen. Die Häkelnadel von innen nach außen in die markierte M des 1. Schenkels führen und in die nächste M des 2. Schenkels, dann 1 fM häkeln. Weitere 2 fM häkeln und dabei in beide Häkelteile stechen. Nur am 2. Schenkel weiterhäkeln (6 fM, 1 Zun) × 3, 5 fM, 1 Abn in die letzte M des 2. Schenkels und die 1. verfügbare M des 1. Schenkels. An Schenkel 1 weiterhäkeln 5 fM, (1 Zun, 6 fM) × 2, 1 Zun, 5 fM, 1 Abn in die letzte M dieses Schenkels und die 1. verfügbare M des anderen Schenkels (58 M, die 3 Befestigungsmaschen werden nicht mitgezählt).

Die nächste M als M 1 der Rd 8 markieren. Nun rund um den Körper häkeln – nicht mehr in die 3 fM häkeln, an denen die beiden Schenkel verbunden wurden.

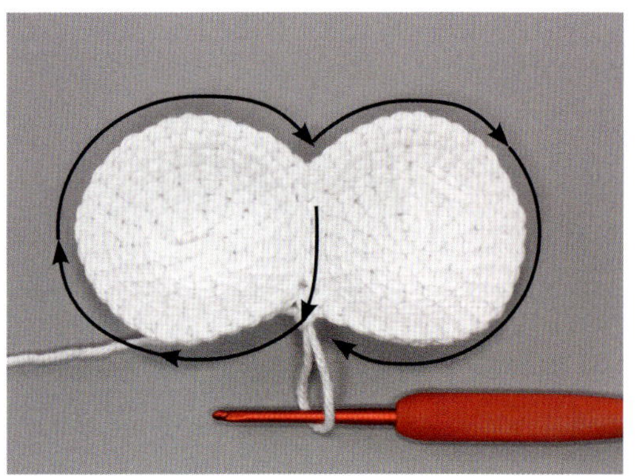

Rd 8 bis 12: 58 fM (58 M).

Rd 13: (28 fM, 1 Zun) × 2 (60 M).

Rd 14 bis 28: 60 fM (60 M).

Rd 29: (1 Abn, 18 fM) × 3 (57 M).

Rd 30 und 31: 57 fM (57 M).
Bei Rd 32 abwechselnd 1 M in Wollweiß und 1 M in Weiß häkeln.
Rd 32: (9 fM, 1 Abn, 8 fM) × 3 (54 M).
In Wollweiß: Den weißen Faden vernähen.
Rd 33 und 34: 54 fM (54 M).
Bei Rd 35 abwechselnd 1 M in Creme und 1 M in Wollweiß häkeln.
Rd 35: (4 fM, 1 Abn, 12 fM) × 3 (51 M).
In Creme: Wollweißen Faden vernähen.
Rd 36 und 37: 51 fM (51 M).
Bei Rd 38 abwechselnd 1 M in Senfgelb und 1 M in Creme häkeln.
Rd 38: (11 fM, 1 Abn, 4 fM) × 3 (48 M).
In Senfgelb: Den cremefarbenen Faden vernähen.
Rd 39 und 40: 48 fM (48 M).
Bei Rd 41 abwechselnd 1 M in Hellorange und 1 M in Senfgelb häkeln.
Rd 41: (1 Abn, 14 fM) × 3 (45 M).
Mit dem Ausstopfen des Körpers beginnen, dabei darauf achten, dass Sie die Schenkel mit einer ausreichenden Menge an Füllmaterial ausstopfen.
In Hellorange: Den gelben Faden vernähen.
Rd 42 und 43: 45 fM (45 M).
Rd 44: 18 fM. Nun wird der Kopf wie auf dem Foto rechts gezeigt an den Körper gesetzt, wobei der Rücken über die Oberseite des Kopfes umgeschlagen wird, um nicht zu stören. Die markierte M im Maschenglied der Luftmaschenkette unter dem Kopf muss der nächsten M des Körpers gegenüber liegen. Die Häkelnadel von innen nach außen in die markierte M des Kopfes führen und in die nächste M des Körpers, dann 1 fM häkeln. Weitere 14 fM häkeln und dabei immer in beide Häkelteile stechen. Nur am Körper weiterhäkeln 11 fM, 1 Km (45 M).
Den Faden mit 10 cm Überschuss abschneiden, auf der Innenseite verknoten.
Der Kopf ist nun am Körper befestigt und kann nach oben geklappt werden, um den schwarzen Rücken auf der Rückseite des Körpers zu positionieren. Zuvor werden Kopf und Oberkörper jedoch mit reichlich Füllmaterial fest ausgestopft. Es muss genug davon enthalten sein, um auch den oberen Rücken auszupolstern, wenn der Kopf in die richtige Position geklappt wird, denn durch das starke Ausstopfen von Kopf und Oberkörper können die Hohlräume des Rückens später durch Kneten gefüllt

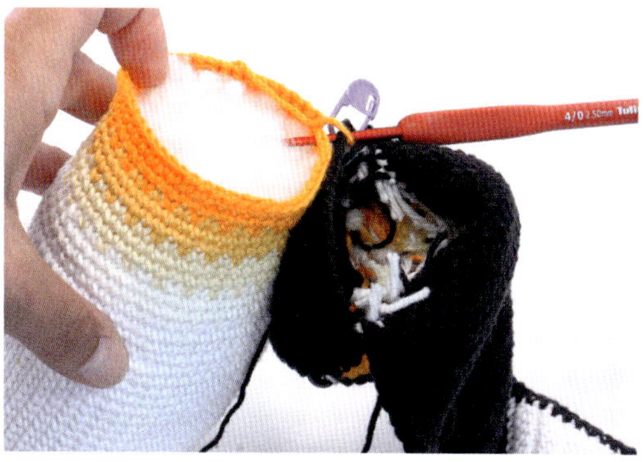

werden, sobald sich das Häkelstück in der richtigen Position befindet.
Bei Bedarf kann können Sie auch folgendermaßen vorgehen: Klappen Sie den Kopf in die richtige Position, geben Sie etwas Füllmaterial auf die hintere Seite des Oberkörper und rollen Sie den schwarze Rücken nach und nach aus, wobei Sie immer wieder mit Füllmaterial nachpolstern.
Nach dem Ausstopfen wird der Rücken in seiner endgültigen Position festgesteckt. Dabei sollte er mittig mit dem Schwanzansatz auf Höhe der Rd 10 des Körpers sitzen. Mit 2 langen schwarzen Fäden den Rücken des Kopfs an den Schwanzansatz nähen. Darauf achten, dass an der Stelle, an der sich Kopf und Rücken teilen, kein kleines Loch sichtbar bleibt. Auch an der oberen Linie des Schwanzes ein paar Stiche setzen, damit an dieser Stelle kein Loch sichtbar ist.
Da die letzte Rd des Kopfs offen ist, kann vor dem endgültigen Schließen bei Bedarf noch ein wenig Füllmaterial hinzugefügt werden. Das Häkelteil schließen und Faden vernähen.

FÜSSE (2-MAL)

In Dunkelgrau: Spiralrunden häkeln.

1. und 2. Zehe

Rd 1: 5 fM in 1 Fadenring, am Anfang 10 cm Faden lassen (5 M).
Rd 2: 1 Zun, 4 fM (6 M).
Rd 3: 6 fM (6 M).
Rd 4: 1 Km, die anderen M der Rd nicht häkeln (6 M).
Den Faden auf einer Länge von 10 cm abschneiden. Unsichtbar im Häkelteil vernähen und auf der Innenseite mit dem Anfangsfaden verknoten. Die Zehen leicht ausstopfen.

3. Zehe und Fuß

Rd 1 bis 3: wie die Rd 1 bis 3 der 1. Zehen häkeln und ausstopfen.
Bei Rd 4 werden die 3 Zehen befestigt, dann wird rund um den Fuß weitergehäkelt.
Rd 4: 1 Abn, 2 fM. In die letzte Rd des 1. Zehs 3 fM. In die letzte Rd des 2. Zehs 2 fM, 1 Abn, 2 fM. In die verbleibenden M der letzten Rd des 1. Zehs 3 fM. In den 3. Zeh 2 fM (16 M).

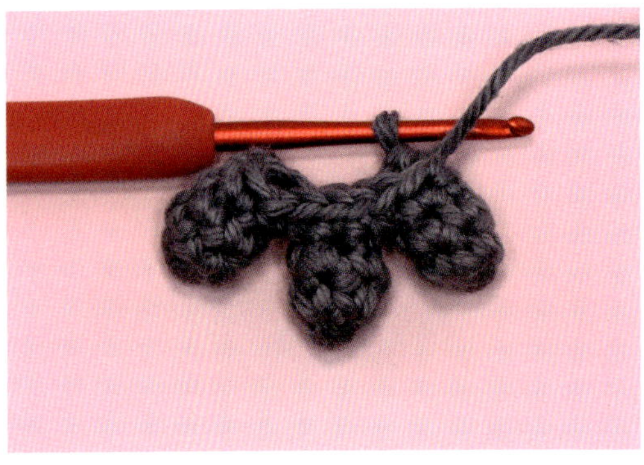

Rd 5: 2 fM, (1 Abn, 1 fM) × 2, 2 fM, (1 Abn, 1 fM) × 2 (12 M).
Rd 6 und 7: 12 fM (12 M).
Rd 8: (3 fM, 1 Abn, 1 fM) × 2 (10 M).
Leicht ausstopfen.
Rd 9: 5 Abn (5 M).
Den Faden auf einer Länge von 30 cm abschneiden, das Häkelteil verschließen und den Faden zum Zusammennähen des Fußes behalten.

Die letzten beiden Rd der Füße an Rd 2 jedes Schenkels legen und rundherum häkeln.

SCHNABEL

In Hellorange In Spiralrunden häkeln. Nach und nach ausstopfen.
Rd 1: 5 fM in 1 Fadenring (5 M).
Rd 2: 1 Zun, 4 fM (6 M).
Rd 3: (1 Zun, 1 fM) × 3 (9 M).
Rd 4: 9 fM (9 M).
Rd 5: (1 fM, 1 Zun, 1 fM) × 3 (12 M).
Rd 6: 12 fM (12 M).
Rd 7: (1 Zun, 3 fM) × 3 (15 M).
Rd 8: 15 fM (15 M).
Rd 9: (2 fM, 1 Zun, 2 fM) × 3 (18 M).
Rd 10: 18 fM (18 M).
Rd 11: (1 Zun, 3 fM, 1 Zun, 4 fM) × 2 (22 M).
Rd 12: 2 fM, **in Schwarz** 1 fM, in Hellorange 9 fM, in Schwarz 1 fM, in Hellorange 9 fM (22 M).
Rd 13: 2 fM, in Schwarz 1 Zun, in Hellorange 4 fM, 1 Zun, 4 fM, in Schwarz 1 Zun, in Hellorange 5 fM, 1 Zun, 3 fM (26 M).
Rd 14: in Schwarz 25 fM, 1 Km (26 M).
Den Faden auf einer Länge von 40 cm abschneiden.
Den Schnabel an das Kopfende nähen.

FLÜGEL (2-MAL)

In Schwarz: In Spiralrunden häkeln. Nach und nach sehr leicht ausstopfen. Die Flügel dürfen nicht dick ausgepolstert aussehen. Das Füllmaterial soll ihnen lediglich ein wenig Volumen verleihen.
Rd 1: 6 fM in 1 Fadenring (6 M).
Rd 2: (1 Zun, 1 fM) × 3 (9 M).
Rd 3: 9 fM (9 M).
Rd 4: (1 Zun, 2 fM) × 3 (12 M).
Rd 5 und 6: 12 fM (12 M).
Rd 7: (2 fM, 1 Zun, 1 fM) × 3 (15 M).
Rd 8: 15 fM (15 M).
Rd 9 und 10: 3 fM, 1 Abn, 6 fM, 1 Zun, 3 fM (15 M).

Rd 11: 11 fM, 1 Zun, 3 fM (16 M).
Rd 12: 3 fM, 1 Abn, 3 fM, 1 Zun, (2 fM, 1 Zun) × 2, 1 fM (18 M).
Rd 13: 12 fM, 1 Zun, 5 fM (19 M).
Rd 14: 3 fM, 1 Abn, 5 fM, 1 Zun, (2 fM, 1 Zun) × 2, 2 fM (21 M).
Rd 15: 13 fM, 1 Zun, 7 fM (22 M).
Rd 16: 3 fM, 1 Abn, 17 fM (21 M).
Rd 17 bis 21: 21 fM (21 M).
Rd 22: 8 fM, 1 Abn, 9 fM, 1 Abn (19 M).
Rd 23: 19 fM (19 M).
Rd 24: 8 fM, 1 Abn, 7 fM, 1 Abn (17 M).
Rd 25: 5 fM. Die obere Seite des Flügels zusammendrücken und in beide Ränder häkeln: 1 fM in die nächste und die vorherige M, weitere 7 fM in beide Ränder häkeln.
Den Faden auf einer Länge von 30 cm abschneiden.
Die letzten M der Flügel jeweils an die Seite des Körpers nähen, an den Rand des schwarzen Rückens, auf Höhe der R 19.

BABY

FLÜGEL (2-MAL)

1. Teil

In Weiß: In R häkeln.
R 1: 6 Lm, 5 fM, dabei bei der 2. M von der Häkelnadel aus beginnen. Die Arbeit wenden (5 M).
R 2 bis 5: 1 Lm, 5 fM, wenden (5 M).
R 6: 1 Lm, 1 fM, 1 Abn, 2 fM, wenden (4 M).
R 7: 1 Lm, 4 fM, wenden (4 M).
R 8: 1 Lm, 1 fM, 1 Abn, 1 fM, wenden (3 M).
R 9: 1 Lm, 3 fM, wenden (4 M).
R 10: 1 Lm, 1 Abn, 1 fM, wenden (2 M).
Die 1. M der R markieren und den Maschenmarkierer beim Häkeln der nächsten R am Rand des Häkelteils belassen.
R 11: 1 Lm, 2 fM (2 M).
Den Faden auf einer Länge von 10 cm abschneiden. Anschließend die Anfangs- und Endfäden unter ein paar M führen und dann bündig abschneiden.

2. Teil

In Grau, mit Chenillegarn. In R häkeln.
R 1 bis 11: Wie R 1 bis 11 des 1. Teils häkeln. Den Faden nicht abschneiden.

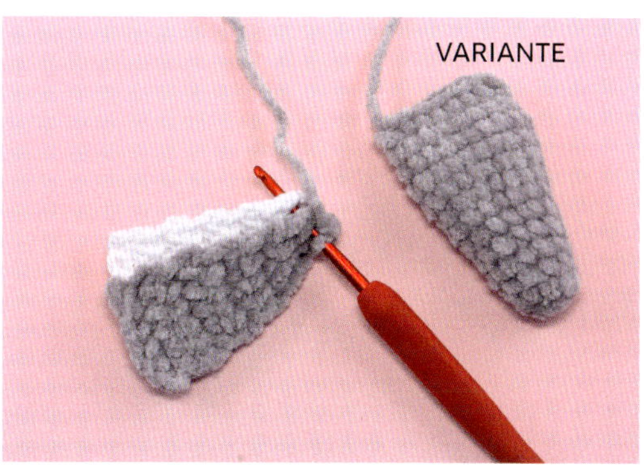

Nun den weißen Teil unter den grauen Teil legen und in fM um die beiden Teile herum häkeln: Am Ende von R 11 die Arbeit nicht wenden, sondern am vertikalen Rand beider Teile weiterhäkeln (siehe Foto des Lemurenbauchs auf S. 71, um zu verstehen, wo die Häkelnadel eingestochen wird). Die markierten M jedes Teils zeigen an, wo die 1. M gehäkelt werden muss.
10 fM häkeln, dabei immer in die Lücken zwischen 2 R stechen. Weiter in die unteren Maschenglieder der Anfangsluftmaschenkette häkeln: 1 Zun, die 1. M dieser Zun markieren, 3 fM, 1 Zun. Auf der anderen Seite am vertikalen Rand des Flügels weiterhäkeln, dabei in die Lücken zwischen 2 R stechen: 10 fM.
2 fM in die M der letzten R häkeln.
Den Faden auf einer Länge von 10 cm abschneiden. Den Faden unsichtbar vernähen und bündig abschneiden.

VARIANTE

Wer mit dem Häkeln der Flügel Probleme hat (durch das Chenillegarn sind die Maschen nicht gut zu erkennen), kann stattdessen diese vereinfachte Variante häkeln.
In Grau, mit Chenillegarn. In Spiralrunden häkeln und nicht ausstopfen.

Rd 1: 2 Lm, 6 fM, dabei bei der 2. M von der Häkelnadel aus anfangen (6 M).
Rd 2: (1 Zun, 1 fM) × 3 (9 M).
Rd 3: 9 fM (9 M).
Rd 4: (1 fM, 1 Zun, 1 fM) × 3 (12 M).
Rd 5: 12 fM (12 M).
Rd 6: (3 fM, 1 Zun) × 3 (15 M).
Rd 7: 15 fM (15 M).
Rd 8: (2 fM, 1 Zun, 2 fM) × 3 (18 M).
Rd 9 bis 11: 18 fM (18 M).
Rd 12: (2 fM, 1 Abn, 2 fM) × 3 (15 M).
Rd 13: 3 fM, die anderen M der Rd nicht häkeln (15 M).
Nun die 2 Häkelränder der oberen Öffnung flach aneinanderdrücken und wie folgt zusammenhäkeln: Die Häkelnadel von vorne nach hinten in die nächste M führen und anschließend von hinten nach vorne in die vorherige M. Dann 1 fM häkeln. Diese M markieren. Weitere 6 fM in die beiden Ränder häkeln.
Den Faden mit 10 cm Überschuss abschneiden und unsichtbar im Häkelteil vernähen.

KÖRPER

In Grau, mit Chenillegarn. Spiralrunden häkeln.
Rd 1: 2 Lm, 8 fM, dabei bei der 2. M von der Häkelnadel aus anfangen (8 M).
Rd 2: 8 Zun (16 M).
Rd 3: (1 fM, 1 Zun) × 8 (24 M).
Rd 4: (1 fM, 1 Zun, 1 fM) × 8 (32 M).
Rd 5: (3 fM, 1 Zun) × 8 (40 M).
Rd 6: (2 fM, 1 Zun, 2 fM) × 8 (48 M).
Rd 7: (1 Zun, 15 fM) × 3 (51 M).
Rd 8 und 9: 51 fM (51 M).
Rd 10: (1 Abn, 15 fM) × 3 (48 M).
Rd 11 bis 14: 48 fM (48 M).
Rd 15: (3 fM, 1 Abn, 3 fM) × 6 (42 M).
Rd 16 und 17: 42 fM (42 M).
Die Flügel bei Rd 18 anbringen. Ob zweifarbige Flügel oder Variante: Zum Befestigen wird die gleiche Technik verwendet.
Rd 18: 6 fM. 1. Flügel befestigen: Dazu die Häkelnadel von innen nach außen in die markierte M des Flügels führen und in die nächste M des Körpers, dann 1 fM häkeln. Weitere 6 fM häkeln und dabei in beide Häkelteile stechen. Nur am Körper weiterhäkeln: 1 Abn, 10 fM, 1 Abn. 2. Flügel befestigen: Die Häkelnadel in die markierte M des Flügels führen und in die nächste M des Körpers, dann 1 fM häkeln. Weitere 6 fM häkeln und dabei in beide Häkelteile stechen. Nur am Körper weiterhäkeln: 6 fM, 1 Abn (39 M).
Rd 19: 4 fM, 1 Abn, 12 fM, 1 Abn, 12 fM, 1 Abn, 4 fM, 1 Km (36 M).
Einen Maschenmarkierer an die letzte M der Rd 19 setzen. Faden auf einer Länge von 10 cm abschneiden. Unsichtbar vernähen und auf der Rückseite verknoten. Körper ausstopfen.

SCHNABEL

In Dunkelgrau: Spiralrunden häkeln.
Rd 1: 4 fM in 1 Fadenring (4 M).
Rd 2: (1 Zun, 1 fM) × 2 (6 M).
Rd 3: (1 Zun, 1 fM) × 3 (9 M).
Rd 4: 2 fM, 1 Km, die anderen M der Rd nicht häkeln (9 M).
Den Faden auf einer Länge von 25 cm abschneiden.

KOPF

In Schwarz: Spiralrunden häkeln.
Rd 1: 6 fM in 1 Fadenring (6 M).
Rd 2: 6 Zun (12 M).
Rd 3: (1 fM, 1 Zun) × 6 (18 M).
Rd 4: (1 fM, 1 Zun, 1 fM) × 6 (24 M).
Rd 5: (3 fM, 1 Zun) × 6 (30 M).
Rd 6: 7 fM, 1 Zun, 1 fM, **in Weiß** 4 fM, in Schwarz 3 fM, in Weiß 1 fM, 1 Zun, 1 fM, in Schwarz 8 fM, 1 Zun, 2 fM (33 M).
Rd 7: 2 fM, 1 Zun, 7 fM, in Weiß 3 fM, 1 Zun, in Schwarz 3 fM, in Weiß 5 fM, in Schwarz 2 fM, 1 Zun, 8 fM (36 M).
Rd 8: 10 fM, in Weiß 6 fM, in Schwarz 3 fM, in Weiß 6 fM, in Schwarz 11 fM (36 M).
Rd 9 und 10: 9 fM, in Weiß 7 fM, in Schwarz 3 fM, in Weiß 7 fM, in Schwarz 10 fM (36 M).

Die Sicherheitsaugen zwischen den Rd 9 und 10 in die M 14 und 22 der Rd 9 einsetzen.

Rd 11: 9 fM, in Weiß 17 fM, in Schwarz 10 fM (36 M).

Rd 12: 10 fM, in Weiß 15 fM, in Schwarz 10 fM, 1 Km (36 M).

Den Faden auf einer Länge von 80 cm abschneiden.

Den Schnabel auf die Rd 9 bis 11 des Kopfs mittig zwischen die zwei Augen setzen. Vor dem vollständigen Zunähen ein wenig Füllmaterial hinzufügen und den Nähfaden auf der Rückseite verknoten.

Den Kopf ausstopfen.

Mit dem am Ende des Kopfs belassenen schwarzen Faden den Kopf an den Hals nähen. Ein einfacher Überwendlingsstich reicht für diese Naht aus. Für ein saubereres Ergebnis empfiehlt es sich jedoch, den Faden doppelt durch jede Masche zu führen, um fM nachzuahmen.

Zuerst die Nadel von außen nach innen in die markierte M des Körpers stechen, dann von innen nach außen in die nächste M des Kopfs. Den Faden ein weiteres Mal durch diese 2 M führen, dann auf die gleiche Weise in die nächsten 2 M stechen (ebenfalls 2-mal). Auf diese Weise rund um den Körper fortfahren. Vor dem vollständigen Zunähen ein wenig Füllmaterial hinzufügen.

HINTERBEINE (2-MAL)

In Schwarz: Spiralrunden häkeln.

Rd 1: 6 fM in 1 Fadenring (6 M).

Rd 2: 6 Zun (12 M).

Rd 3: 12 fM (12 M).

Rd 4: (1 fM, 1 Abn, 1 fM) × 3 (9 M).

Rd 5: 3 fM, die anderen M der Rd nicht häkeln (9 M).

Ein wenig Füllmaterial hinzufügen. Nun die 2 Häkelränder der oberen Öffnung flach aneinanderdrücken und wie folgt zusammenhäkeln: Die Häkelnadel von vorne nach hinten in die nächste M führen und anschließend von hinten nach vorne in die vorherige M. Dann 1 fM häkeln. Weitere 3 fM in die beiden Ränder häkeln. Den Faden auf einer Länge von 30 cm abschneiden.

Die Füße an jede Seite des Körpers an die Rd 5 auf einer Linie mit den Augen nähen.

SCHWANZ

In Schwarz: Spiralrunden häkeln.

Rd 1: 6 fM in 1 Fadenring (6 M).

Rd 2: (1 Zun, 1 fM) × 3 (9 M).

Rd 3: 9 fM (9 M).

Rd 4: 3 fM, die anderen M der Rd nicht häkeln (9 M).

Ein wenig Füllmaterial hinzufügen. Nun die 2 Häkelränder der oberen Öffnung flach aneinanderdrücken und wie folgt zusammenhäkeln: Die Häkelnadel von vorne nach hinten in die nächste M führen, und anschließend von hinten nach vorne in die vorherige M. Dann 1 fM häkeln. Diese M markieren. Weitere 3 fM in die beiden Ränder häkeln. Den Faden auf einer Länge von 30 cm abschneiden.

Den Schwanz mittig auf der Rückseite des Körpers an Rd 5 annähen.

SCHAL

In Hellorange: Spiralrunden häkeln.

1 Luftmaschenkette mit 80 Lm häkeln, am Anfang 10 cm Faden lassen. 77 Stb, bei der 4. M von der Häkelnadel aus beginnen. 2 Lm, 1 Km in die letzte M der Luftmaschenkette.

Die beiden Fäden verknoten, vernähen und bündig abschneiden.

Die Schildkrötenfamilie

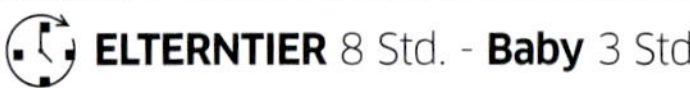

ELTERNTIER 8 Std. - **Baby** 3 Std.

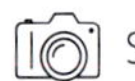

S. 18

Abmessungen

Ungefähre Höhe: Elterntier 18 cm – Baby 10 cm

Material

> 1 × Häkelnadel 2,50 mm

ELTERNTIER

- DMC Happy Cotton, 20 g, 43 m: Farbe 782 (Mintgrün), 35 g; Farbe 770 (Creme), 14 g; Farbe 783 (Hellgrün), 15 g; Farbe 776 (Kamel), 14 g; Farbe 781 (Smaragdgrün), 1 g; Farbe 760 (Hellrosa), 4 m
- DMC Lumina Metallic, 20 g, 150 m: Farbe L3821 (Gold) 7 m. In drei gleichlange Fäden aufteilen – die goldfarbenen Teile werden mit dreifachem Faden gehäkelt.
- DMC Perlgarn 5/M: Farbe 310 (Schwarz), 1 m
- 2 schwarze Sicherheitsaugen, 8 mm
- 2 kleine Holzperlen, 8 mm

Baby

- DMC Happy Cotton, 20 g, 43 m: Farbe 782 (Mintgrün), 3 m; Farbe 770 (Creme), 5 g; Farbe 783 (Hellgrün), 7 g; Farbe 776 (Kamel), 3 g; Farbe 781 (Smaragdgrü)n, 2 m; Farbe 761 (Wollweiß), 4 g; Farbe 760 (Hellrosa), 1 m
- DMC Lumina Metallic, 20 g, 150 m: Farbe L3821 (Gold) 3 m. In drei gleichlange Fäden aufteilen – die goldfarbene Partie wird mit dreifachem Faden gehäkelt.
- DMC Perlgarn 5/M: Farbe 310 (Schwarz), 1 m
- 2 schwarze Sicherheitsaugen, 6 mm

HINWEISE

Der Panzer der Schildkröte ist dank der kleinen Perlen abnehmbar. Sobald die Schildkröte und ihr Panzer gehäkelt sind, werden die Beine durch die beiden Löcher im unteren Teil des Panzers gesteckt. Dann wird der Panzer über den Armen mit den kleinen Perlen und den Maschenschlaufen geschlossen. Das Häkeln des Panzers ist von der Technik her recht einfach. Die Maschen müssen jedoch sorgfältig gezählt werden, um die richtigen Abstände zu erhalten. Nur so passt er am Ende auf die Schildkröte.

Achten Sie darauf, dass Sie die Vorder- und Rückseite der Häkelarbeit nicht verwechseln, sonst kommt es beim Zusammenfügen der Schildkröte zu Schwierigkeiten. Die Vorderseite muss immer nach außen zeigen, es sei denn, es wird etwas anderes angegeben.

ELTERNTIER

BAUCH

1. Teil

In Creme: Spiralrunden häkeln.

Rd 1: 8 fM in 1 Fadenring (8 M).

Rd 2: 8 Zun (16 M).

Rd 3: (1 fM, 1 Zun) × 8 (24 M).

Rd 4: (1 fM, 1 Zun, 1 fM) × 8 (32 M).

Rd 5: (3 fM, 1 Zun) × 8 (40 M).

Rd 6: (2 fM, 1 Zun, 2 fM) × 8 (48 M).

Rd 7: (7 fM, 1 Zun) × 6 (54 M).
Rd 8: 4 fM, 1 Zun, 8 fM, 1 Zun, 26 fM, 1 Zun, 8 fM, 1 Zun, 3 fM, 1 Km (58 M).
Einen Maschenmarkierer an die letzte M der Rd 8 setzen.
Den Faden mit 10 cm Überschuss abschneiden, unsichtbar im Häkelteil vernähen und auf der Rückseite verknoten.

2. Teil

In Creme: Spiralrunden häkeln.
Rd 1 bis 7: wie die Rd 1 bis 7 des 1. Teils häkeln.
Rd 8: 4 fM, 1 Zun, 8 fM, 1 Zun, 26 fM, 1 Zun, 8 fM, 1 Zun, 4 fM (58 M).
Die beiden Teile rücklings aneinanderlegen und zusammenhäkeln.
Rd 9: Die Häkelnadel in die nächste M des 2. Teils und die markierte M des 1. Teils stechen, 1 fM häkeln. Den Rest der Rd in beide Teile häkeln: 24 fM. * In die nächste M: 1 Km, 11 Lm (fest), 1 Km in die 8. M von der Häkelnadel aus, um eine Schlaufe zu bilden, und weitere 3 Km in die Luftmaschenkette, 1 Km in die gleiche M des Bauchs *, 6 Km, den Teil von * bis * wiederholen, 25 fM (60 M, die Luftmaschenketten nicht mitzählen). Einen Maschenmarkierer an M 16 der Rd 9 setzen.
Vor dem Abschluss der Arbeit überprüfen, dass die geformten Schlaufen so breit sind, dass die Perlen hindurchpassen, aber dennoch eng genug, damit sie nicht von alleine wieder herausrutschen.
Den Faden auf einer Länge von 10 cm abschneiden und unsichtbar vernähen.

PANZER

Innenseite

In Hellgrün: Spiralrunden häkeln.
Rd 1: 5 fM in 1 Fadenring, den Anfangsfaden nicht abschneiden (5 M).
Rd 2: 5 Zun (10 M).
Rd 3: (1 fM, 1 Zun) × 5 (15 M).
Rd 4: (2 fM, 1 Zun) × 5 (20 M).
Rd 5: (3 fM, 3 fM in dieselbe M) × 5 (30 M).
Rd 6: (4 fM, 1 Zun, 1 fM) × 5 (35 M).
Rd 7: (5 fM, 1 Zun, 1 fM) × 5 (40 M).
Rd 8: (6 fM, 1 Zun, 1 fM) × 5 (45 M).
Rd 9: (7 fM, 1 Zun, 1 fM) × 5 (50 M).
Rd 10: (8 fM, 1 Zun, 1 fM) × 5 (55 M).
Rd 11: (9 fM, 1 hStb, 1 fM) × 5 (55 M).
Rd 12: (3 fM, 2 Km, 3 fM, 1 hStb, 2 hStb in dieselbe M, 1 hStb) × 5 (60 M).
Rd 13: 1 Km, die anderen M der Rd nicht häkeln (60 M).
Einen Maschenmarkierer an M 12 der Rd 4 setzen. Den Faden auf einer Länge von 10 cm abschneiden. Unsichtbar im Häkelteil vernähen und auf der Rückseite verknoten.

Mittiges Schildpatt

In Gold, mit 3 Fäden: In Kreisrunden häkeln.
Für ein sauberes Ergebnis sollten die Farbwechsel bei der letzten fM der Rd stattfinden. Die Km, die die Rd schließt, und die Lm, die die nächste Rd beginnt, haben die gleiche Farbe. Die Rückseite des Panzers ist später nicht sichtbar, daher können die Fäden beim Vernähen dort auch verknotet werden.
Rd 1: 5 fM in 1 Fadenring. Den Anfangsfaden nicht abschneiden, 1 Km in die M 1 der Rd, um diese abzuschließen (5 M).
In Smaragdgrün: Die goldenen Fäden vernähen.
Rd 2: 1 Lm, 5 Zun, mit 1 Km abschließen (10 M).
In Mintgrün: Den Faden in Smaragdgrün vernähen.
Rd 3: 1 Lm, (1 fM, 1 Zun) × 5, mit 1 Km abschließen (15 M).
In Kamel: Den Faden in Mintgrün vernähen.
Rd 4: 1 Lm. (2 fM, 1 fM und 1 hStb in dieselbe M) × 5; mit 1 Km abschließen (20 M).
Rd 5: 1 Lm. [3 fM, (1 fM, 1 hStb und 1 fM) in dieselbe M] × 5 (30 M).
Einen Maschenmarkierer an M 29 der Rd 5 setzen (das letzte hStb).
Den Faden auf einer Länge von 10 cm abschneiden, unsichtbar vernähen und dabei darauf achten,dass keine falsche zusätzliche M entsteht. Auf der Rückseite verknoten.

Seitliches Schildpatt × 5

In Gold, mit 3 Fäden: In Kreisrunden häkeln. Die Farbwechsel und das Vernähen der Fäden wie beim mittleren Schildpatt ausführen.

Rd 1 bis 4: wie beim mittleren Schildpatt.

Rd 5: 1 Lm. 2 fM, 1 fM und 1 hStb in dieselbe M, 1 hStb und 1 fM in dieselbe M, [3 fM, (1 fM, 1 hStb et 1 fM) in dieselbe M] × 2, 3 fM, 1 fM. et 1 hStb in dieselbe M, 1 hStb et 1 fM in dieselbe M, 3 fM (28 M). Einen Maschenmarkierer an M 11 der Rd 5 setzen.

Den Faden auf einer Länge von 10 cm abschneiden und unsichtbar vernähen. Dazu den Faden durch die 1. M der Rd ziehen, um eine falsche M zu erzeugen. In diese wird später gehäkelt. Die letzte Rd hat dann insgesamt 29 M.

Zusammenfügen

In Hellgrün:

Mittleres und seitliches Schildpatt Vorderseite an Vorderseite aneinanderlegen und dann zusammenhäkeln. Die Häkelnadel von hinten nach vorne in die markierte M des mittleren Schildpatts stechen und vorne nach hinten in die markierte M des seitlichen Schildpatts. Einen mintgrünen Faden durchziehen.

In beide Teile häkeln: 1 Lm und 1 fM in dieselbe M, 6 fM in die folgenden M.

* Ein weiteres seitliches Schildpatt nehmen und Rücken an Rücken an das mittlere Schildpatt legen. Die Häkelnadel von vorne nach hinten in die gleiche M des mittleren Schildpatts und dann in die markierte M des 2. seitlichen Schildpatts stechen. Dann 1 fM häkeln. 6 fM in die folgenden M beider Teile häkeln. *

Die Anweisungen von * bis * 3-mal wiederholen, um die 5 Schildpattseiten an dem mittleren Schildpatt zu befestigen. Die allerletzte fM wird in die gleiche Masche des mittleren Schildpatts wie die erste gehäkelt.

Den Faden mit 10 cm Überschuss abschneiden und auf der Rückseite verknoten.

* Die seitlichen Schildpatt-Teile nach und nach in den Panzer integrieren und dabei die gleiche Technik wie zuvor anwenden. Die beiden

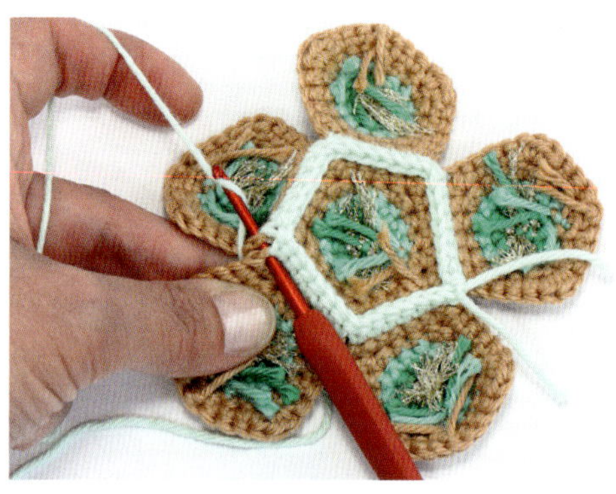

Schildpatt-Teile Vorderseite an Vorderseite aneinanderlegen. Die Häkelnadel in die 2 M stechen, die, wie auf dem Foto gezeigt, schon am mittleren Teil befestigt sind, und einen mintgrünen Faden durchziehen.

In beide Teile häkeln: 1 Lm und 1 fM in dieselbe M, 6 fM in die folgenden M.

Den Faden mit 10 cm Überschuss abschneiden und auf der Rückseite verknoten. *

Die Anweisungen zwischen * und * 4-mal wiederholen, sodass alle seitlichen Schildpatt-Teile miteinander verbunden sind und den Panzer formen.

Beim letzten Durchgang nach den 7 fM zum Faden in Kamel wechseln, den mintgrünen Faden jedoch nicht abschneiden.

PANZERRAND

Den Panzer umdrehen, sodass die Vorderseite mit den sichtbaren M nach außen zeigt und den Rand häkeln:

Rd 1: Die Häkelnadel mit dem kamelfarbenen Faden links von der Naht in die letzte befestigte M stechen (siehe Foto S. 89) und 1 fM häkeln. Rund um den Panzer häkeln und dabei darauf achten, auch in die M der seitlichen Schildpatt-Teile zu häkeln sowie in die 2 M an den Enden der Teile, die zuvor Rand an Rand miteinander verbunden wurden.
59 fM (60 M)

In Hellgrün: Den nicht abgeschnittenen Faden wiederaufnehmen und den Faden in Kamel vernähen.

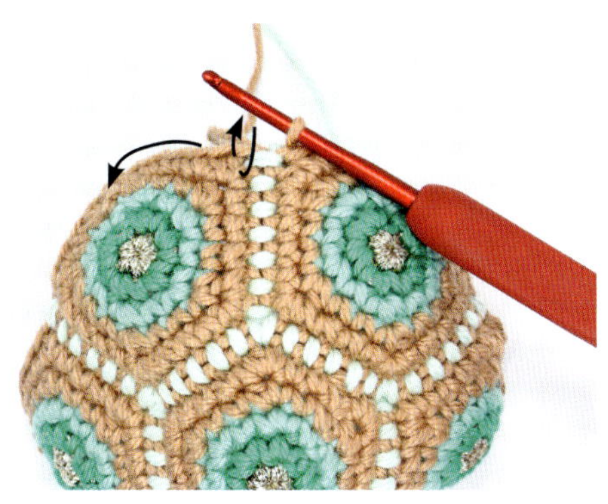

Die Unterseite des Panzers Rückseite an Rückseite in die Oberseite legen. Die beiden Teile bei Rd 2 zusammenhäkeln.

Rd 2: In die 1. M der vorherigen Rd und die markierte M des unteren Panzerteils häkeln. 1 fM, dann 29 fM weiter in beide Teile häkeln. Vor dem Häkeln des 2. Teils der Rd die Anfangsfäden des unteren Panzerteils und des mittleren Schildpatts verknoten, um beide Teile fest zu verbinden, dann 30 fM (60 M).

Rd 3: 35 fM, 1 Km. Die anderen M der Rd nicht häkeln und den Maschenmarkierer auf der 1. M der Rd 3 belassen. Den Faden mit 15 cm Überschuss abschneiden und unsichtbar in das Häkelteil einarbeiten.

Erneut mintgrünen Faden nehmen und vor dem Häkeln 2 Perlen auf ihn auffädeln. Sie werden bei Rd 4 verwendet. Bis dahin werden sie beim Häkeln einfach entlang des Fadens verschoben. Bei Rd 4 wird auch der Bauch mit dem Panzer verbunden.

Rd 4: Den Faden in das hMg der M einziehen, die direkt vor der markierten M liegt. 10 cm Anfangsfaden belassen. Rundherum in die hMg häkeln, dabei lockere Km um den Panzer machen und 2 festere Km an den Befestigungspunkten. Ab der markierten M den 1. Befestigungspunkt des Bauchs häkeln. Dazu die Häkelnadel in das nächste hMg und in die 2 Maschenglieder der markierten M auf den Bauch häkeln und zwar von hinten nach vorne in die M, die in der letzten Rd des Bauchs gehäkelt wurden, und 1 Km häkeln, dann 1 Km in die nächste M der beiden Teile. * Nur am Panzer 13 Km weiterhäkeln. Am Befestigungspunkt des Bauchs 13 M auf dem Bauch überspringen und 2 Km in beide Teile – Panzer und Bauch – häkeln, wie weiter oben beschrieben *. Die Anweisungen von * bis * 1-mal wiederholen.

Nur am Panzer: 8 Km, die 1. Perle in die nächste M integrieren, 10 Km, die 2. Perle in die nächste M integrieren, 6 Km (62 M).

Die Perlen folgendermaßen integrieren: 1 Km in die angegebene M, die Perle so nah an den Panzer schieben wie möglich, erneut 1 Km in die M häkeln, diesmal zusammen mit dem Faden auf der anderen Perlenseite, um diese zu arretieren. Den Faden auf einer Länge von 15 cm abschneiden und unsichtbar vernähen. Die Anfangs- und Endfäden im Panzer vernähen.

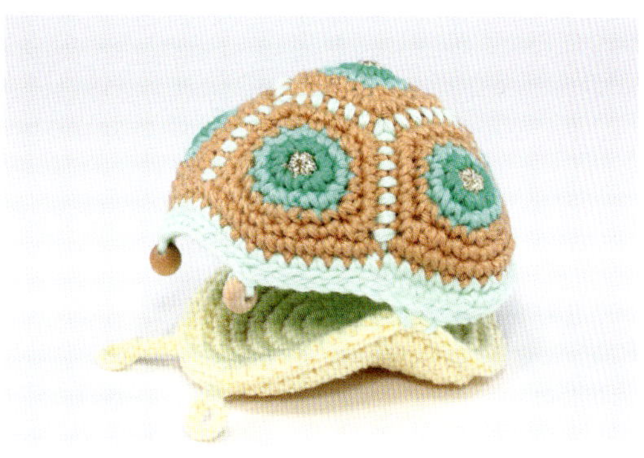

KOPF UND KÖRPER

In Mintgrün: Spiralrunden häkeln.

Rd 1: 8 fM in 1 Fadenring (8 M).
Rd 2: 8 Zun (16 M).
Rd 3: (1 fM, 1 Zun) × 8 (24 M).
Rd 4: (1 fM, 1 Zun, 1 fM) × 8 (32 M).
Rd 5: (3 fM, 1 Zun) × 8 (40 M).
Rd 6 bis 8: 40 fM (40 M).
Rd 9: 12 fM, 1 Abn, 7 fM, 1 Abn, 17 fM (38 M).
Rd 10: 38 fM (38 M).
Rd 11: 11 fM, (1 Zun, 1 fM) × 3, (1 fM, 1 Zun) × 3, 15 fM (44 M).
Rd 12: 18 fM, 1 Zun, 2 fM, 1 Zun, 22 fM (46 M).
Rd 13 bis 15: 46 fM (46 M).

Die Augen zwischen den Rd 10 und 11 in die M 13 und 21 der Rd 10 einsetzen.

Rd 16: 14 fM, (1 Abn, 2 fM) × 4, 16 fM (42 M).
Rd 17: (3 fM, 1 Abn, 1 fM) × 7 (35 M).
Rd 18: (1 Abn, 3 fM) × 7 (28 M).
Mit dem Ausstopfen des Kopfs beginnen.
Rd 19: (1 fM, 1 Abn, 1 fM) × 7 (21 M).
Rd 20: (1 fM, 1 Abn) × 7 (14 M).
Fertig ausstopfen, dabei nicht zu viel Füllmaterial verwenden. Mit einer Nähnadel und einem 30 cm langen grünen Faden den Kopf formen: Die Nadel in das Loch unter dem Kopf stechen und sie bei der nächstliegenden M des inneren Augenwinkels wieder herausziehen Das Auge mit dem grünen Garn umkreisen, wobei der Faden zwischen Kopf und Auge um den Stift herumgeführt wird. Die Nadel an derselben Stelle einstechen und neben dem anderen Auge wieder herausziehen. Den Faden um den Stift des zweiten Auges führen, die Nadel an der selben Stelle einstechen und sie durch das Loch unter dem Kopf wieder herausziehen. An beiden Enden ziehen, um den Abstand zwischen den beiden Augen zu verkleinern und dem Kopf seine Form zu geben. Beide Fäden fest verknoten und abschneiden. Wer es nicht schafft, den Faden unter dem Auge durchzuführen, kann die Nadel auch direkt neben der Ausgangsstelle einstechen, so nah am Auge wie möglich.
Mit einem Stück schwarzem Perlgarn ein Lächeln auf die Rd 15 des Kopfs sticken und dann 2 kleine diagonale Linien zwischen die Rd 12 und 13 als Nase aufsticken.
Den Körper weiterhäkeln.
Rd 21 und 22: 14 fM (14 M).
Rd 23: (1 Zun, 1 fM) × 2, (1 fM, 1 Zun, 1 fM) × 3, 1 Zun (20 M).
Rd 24: (2 fM, 1 Zun) × 2, 8 fM, (1 Zun, 2 fM) × 2 (24 M).
Rd 25: 24 fM (24 M).
Rd 26: (1 Zun, 7 fM) × 3 (27 M).
Rd 27: (5 fM, 1 Zun, 3 fM) × 3 (30 M).
Rd 28: (2 fM, 1 Zun, 7 fM) × 3 (33 M).
Rd 29: (8 fM, 1 Zun, 2 fM) × 3 (36 M).
Rd 30: (1 Zun, 11 fM) × 3 (39 M).
Rd 31 bis 35: 39 fM (39 M).
Rd 36: (3 fM, 1 Abn) × 2, 27 fM,1 Abn (36 M).
Rd 37: (2 fM, 1 Abn, 8 fM) × 3 (33 M).
Rd 38: (7 fM, 1 Abn, 2 fM) × 3 (30 M).
Mit dem Ausstopfen des Körpers beginnen.
Rd 39: (3 fM, 1 Abn) × 6 (24 M).
Rd 40: (1 fM, 1 Abn, 1 fM) × 6 (18 M).
Rd 41: (1 fM, 1 Abn) × 6 (12 M).
Den Körper fertig ausstopfen. Nicht zu viel Füllmaterial verwenden und nicht zu fest ausstopfen, damit die Schildkröte problemlos in ihren Panzer passt.
Rd 42: 6 Abn (6 M).
Die Häkelarbeit abschließen.

ARME (2-MAL)

In Mintgrün: Spiralrunden häkeln.
Rd 1: 6 fM in 1 Fadenring (6 M).
Rd 2: 6 Zun (12 M).
Rd 3: (1 fM, 1 Zun) × 2. **In Creme** 1 Kralle. In Mintgrün 1 Zun. In Creme 1 Kralle. In Mintgrün 1 Zun, (1 fM, 1 Zun) × 2 (18 M).
Die Krallen folgendermaßen häkeln: In Creme 1 Stb in die nächste M, ohne den letzten Umschlag zu machen. Es verbleiben 2 Schlaufen auf der Häkelnadel. Erneut 1 Stb in dieselbe M häkeln, ohne den letzten Umschlag zu machen. Es verbleiben 3 Schlaufen auf der Häkelnadel. Den letzten Umschlag mit dem wartenden mintgrünen Faden machen und den Faden durch die 3 Schlaufen auf der Häkelnadel ziehen.
Rd 4 und 5: 18 fM (18 M).
Rd 6: (2 fM, 1 Abn, 2 fM) × 3 (15 M).
Rd 7: 15 fM (15 M).
Rd 8: (3 fM, 1 Abn) × 3 (12 M).
Rd 9: 12 fM (12 M).
Rd 10: (1 fM, 1 Abn, 1 fM) × 3 (9 M).
Den Unterarm leicht ausstopfen, auch später nicht mehr stärker ausstopfen.
Rd 11: 9 fM (9 M).
Rd 12: 4 fM, 1 Abn, 3 fM (8 M).
Rd 13: 8 fM (8 M).

Rd 14: 4 fM, 1 Abn, 2 fM (7 M).
Rd 15 bis 18: 7 fM (7 M).
Rd 19: 6 fM, die letzte M der Rd nicht häkeln (7 M).
Nun die 2 Häkelränder der oberen Öffnung flach aneinanderdrücken und wie folgt zusammenhäkeln: Die Häkelnadel von vorne nach hinten in die nächste M führen und anschließend von hinten nach vorne in die vorherige M. Dann 1 fM häkeln. Weitere 2 fM in die beiden Ränder häkeln.
Den Faden auf einer Länge von 30 cm abschneiden.

BEINE (2-MAL)

In Mintgrün: Spiralrunden häkeln.
Rd 1: 6 fM in 1 Fadenring (6 M).
Rd 2: 6 Zun (12 M).
Rd 3: (1 fM, 1 Zun) × 6 (18 M).
Rd 4: 4 fM, 1 Zun. **In Creme** 1 Kralle, in Mintgrün 2 fM, in Creme 1 Kralle, in Mintgrün 2 fM, in Creme 1 Kralle, in Mintgrün 1 Zun, 4 fM, 1 Zun (21 M).
Die Krallen folgendermaßen häkeln: In Creme 1 Stb in die nächste M, ohne den letzten Umschlag zu machen. Es verbleiben 2 Schlaufen auf der Häkelnadel. Erneut 1 Stb in dieselbe M häkeln, ohne den letzten Umschlag zu machen. Es verbleiben 3 Schlaufen auf der Häkelnadel. Den letzten Umschlag mit dem wartenden mintgrünen Faden machen und den Faden durch die 3 Schlaufen auf der Häkelnadel ziehen.
Rd 5 und 6: 21 fM (21 M).
Rd 7: (1 Abn, 5 fM) × 3 (18 M).
Rd 8 und 9: 18 fM (18 M).
Rd 10: (2 fM, 1 Abn, 2 fM) × 3 (15 M).
Rd 11 und 12: 15 fM (15 M).
Rd 13: (3 fM, 1 Abn) × 3 (12 M).
Den unteren Teil des Beins leicht ausstopfen, auch später nicht mehr stärker ausstopfen.
Rd 14: 12 fM (12 M).
Rd 15: (1 fM, 1 Abn, 1 fM) × 3 (9 M).
Rd 16 bis 20: 9 fM (9 M).
Rd 21: 2 fM, die letzten M der Rd nicht häkeln (9 M).
Nun die 2 Häkelränder der oberen Öffnung flach aneinanderdrücken und wie folgt zusammenhäkeln: Die Häkelnadel von vorne nach hinten in die nächste M führen und anschließend von hinten nach vorne in die vorherige M. Dann 1 fM häkeln. Weitere 3 fM in die beiden Ränder häkeln.
Den Faden auf einer Länge von 30 cm abschneiden.
Die Arme an beiden Seiten des Halses zwischen den Rd 22 und 23 befestigen.
Die Beine zwischen die Rd 35 und 36 auf einer Linie zu den Armen annähen. Vor dem Vernähen der Fäden den Panzer überziehen, um zu testen, ob die Gliedmaßen an den richtigen Stellen sitzen oder leicht versetzt werden müssen.

WANGEN (2-MAL)

In Altrosa: Spiralrunden häkeln.
Rd 1: 6 fM in 1 Fadenring (6 M).
Rd 2: 6 Zun (12 M).
Den Faden auf einer Länge von 30 cm abschneiden und unsichtbar vernähen.
Die Wangen auf die Maschen der Rd 11 bis 15 des Kopfs aufnähen, das ist unterhalb der Augen leicht nach hinten versetzt.

BABY

Das Baby kann, falls vorhanden, mit einer 2,25-mm-Häkelnadel gehäkelt werden. Sie eignet sich besser für dieses kleine Modell.

ARME (2-MAL)

In Hellgrün: Spiralrunden häkeln. Nicht ausstopfen.
Rd 1: 4 fM in 1 Fadenring (4 M).

Rd 2: 1 Zun, 3 fM (5 M).
Rd 3: 5 fM (5 M).
Mit einem kurzen Stück Garn in Creme zwei kleine nebeneinander liegende Striche als Nase auf Rd 1 des Kopfs sticken. Die Enden des Fadens verknoten und weiterhäkeln.
Rd 4 bis 7: 5 fM (5 M).
Rd 8: 4 fM, 1 Km (5 M).
Am Ende des 1. Arms den Faden auf einer Länge von 10 cm abschneiden und das Häkelteil schließen. Einen unsichtbaren Knoten an der Schließstelle machen, den Faden in den Arm einziehen und bündig abschneiden.
Am Ende des 2. Arms den Faden auf einer Länge von 30 cm abschneiden und das Häkelteil schließen. Einen unsichtbaren Knoten an der Schließstelle machen, den Faden in den Arm einziehen und 1 Rd tiefer herausziehen.

BEINE (2-MAL)

In Hellgrün: Spiralrunden häkeln. Nicht ausstopfen.
Rd 1: 5 fM in 1 Fadenring (5 M).
Rd 2: 1 Zun, 4 fM (6 M).
Rd 3: 6 fM (6 M).
Mit einem kurzen Stück Garn in Creme zwei kleine nebeneinander liegende Striche als Nase auf Rd 1 des Kopfs sticken. Die Enden des Fadens verknoten und weiterhäkeln.
Rd 4 und 5: 6 fM (6 M).
Rd 6: 3 fM, 1 Zun, 2 fM (7 M).
Rd 7 und 8: 7 fM (7 M).
Rd 9: 6 fM, 1 Km (7 M).
Am Ende des 1. Beins den Faden auf einer Länge von 10 cm abschneiden und das Häkelteil schließen. Einen unsichtbaren Knoten an der Schließstelle machen, den Faden in das Bein einziehen und bündig abschneiden.
Am Ende des 2. Beins den Faden auf einer Länge von 30 cm abschneiden und das Häkelteil schließen. Einen unsichtbaren Knoten an der Schließstelle machen, den Faden in das Bein einziehen und 1 Rd tiefer herausziehen.

KOPF UND KÖRPER

In Hellgrün: Spiralrunden häkeln.
Rd 1: 8 fM in 1 Fadenring (8 M).
Rd 2: 8 Zun (16 M).
Rd 3: (1 fM, 1 Zun) × 8 (24 M).
Rd 4: (3 fM, 1 Zun, 2 fM) × 4 (28 M).
Rd 5: 28 fM (28 M).
Rd 6: 14 fM, 1 Abn, 12 fM (27 M).
Rd 7: 27 fM (27 M).
Rd 8: 12 fM, (1 Zun, 1 fM) × 3, 9 fM (30 M).
Rd 9 und 10: 30 fM (30 M).
Die Sicherheitsaugen zwischen den Rd 7 und 8 in die M 12 und 18 der Rd 7 einsetzen.
Rd 11: (1 Abn, 4 fM) × 2, (1 Abn, 1 fM) × 3, 3 fM, 1 Abn, 4 fM (24 M).
Rd 12: (1 fM, 1 Abn, 1 fM) × 6 (18 M).
Mit dem Ausstopfen des Kopfs beginnen. Dabei die Form der Nase betonten.
Rd 13: (1 Abn, 1 fM) × 6 (12 M).
Rd 14: 6 Abn (6 M).
Den Kopf fertig ausstopfen.
Rd 15: 6 Zun (12 M).
Mit einem kurzen Stück Perlgarn in Schwarz ein Lächeln auf Rd 10 des Kopfs sticken.
Mit einem kurzen Stück Garn in Hellrosa eine kleine Linie von 1 M Breite am unteren und am äußeren Rand beider Augen als Wangen sticken.
Mit etwas mintgrünem Garn den Kopf des Babys formen. Hierfür wie beim Elterntier vorgehen (siehe S. 90).
In Creme: Den Faden in Hellgrün vernähen.
Rd 16: (1 Zun, 3 fM) × 3 (15 M).
Rd 17: (3 fM, 1 Zun, 1 fM) × 3 (18 M).
Rd 18: 18 fM (18 M).
Rd 19: (1 Zun, 5 fM) × 3 (21 M).
Rd 20 bis 24: 21 fM (21 M).
Rd 25: (2 fM, 1 Abn) × 2, 11 fM,1 Abn (18 M).
Mit dem Ausstopfen des Körpers beginnen.
Rd 26: (1 Abn, 1 fM) × 6 (12 M).
Rd 27: 6 Abn (6 M).
Mit dem Füllmaterial fertig ausstopfen. Dann das Häkelteil schließen und die Faden sorgfältig vernähen.

PANZER

1. Teil

In Creme. In Kreisrunden häkeln.

Rd 1: 6 fM in 1 Fadenring. 1 Km in die M 1 der Rd, um diese abzuschließen (6 M).

Rd 2: 1 Lm, 6 Zun, mit 1 Km abschließen (12 M).

Rd 3: 1 Lm, (1 fM, 1 Zun) × 6, mit 1 Km abschließen (18 M).

Rd 4: 1 Lm, (1 Zun, 2 fM) × 6, mit 1 Km abschließen (24 M).

Den Faden auf einer Länge von 10 cm abschneiden und unsichtbar vernähen. Dazu den Faden durch die 1. M der Rd ziehen, um eine falsche M zu erzeugen. In diese wird später gehäkelt.

2. Teil

In Gold, mit 3 Fäden: In Kreisrunden häkeln. Für ein sauberes Ergebnis sollten die Farbwechsel bei der letzten fM der Rd stattfinden. Die Km, die die Rd schließt, und die Lm, die die nächste Rd beginnt, haben die gleiche Farbe. Die Rückseite des Panzers ist später nicht sichtbar. Die Fäden können dort daher beim Vernähen einfach verknotet werden.

Rd 1: 5 fM in 1 Fadenring. Den Anfangsfaden nicht abschneiden, 1 Km in die M 1 der Rd, um diese abzuschließen (5 M).

In Smaragdgrün: Die goldenen Fäden vernähen.

Rd 2: 1 Lm, 5 Zun, mit 1 Km abschließen (10 M).

In Mintgrün: Den Faden in Smaragdgrün vernähen.

Rd 3: 1 Lm. (1 fM, 1 fM und 1 hStb in dieselbe M) × 5; mit 1 Km abschließen (15 M).

In Kamel: Den Faden in Mintgrün vernähen.

Rd 4: 1 Lm. (2 fM, 1 fM und 1 hStb in dieselbe M) × 5; mit 1 Km abschließen (20 M).

Rd 5: 1 Lm. [3 fM, (1 fM und 1 hStb in dieselbe M)] × 5; mit 1 Km abschließen (25 M).

Rd 6 und 7: 1 Lm, (4 fM, 1 hStb) × 5, mit 1 Km abschließen (25 M).

In Creme: Die Rückseite des 1. Teils auf die Rückseite des 2. Teils legen und in der nächsten Rd in beide Teile häkeln: Vor dem Häkeln der letzten M der Rd 8 den Panzer ganz leicht mit Füllmaterial ausstopfen.

Rd 8: 1 Lm. Die Häkelnadel in die gleiche M des 2. Teils und in eine M des 1. Teils stechen, von hinten nach vorne, und 1 fM häkeln. In beide Teile häkeln: 3 fM, (1 Zun, 4 fM) × 4, 1 Zun (30 M).

Den Faden auf einer Länge von 30 cm abschneiden. Unsichtbar vernähen und ausreichend lang zum Vernähen abschneiden.

ZUSAMMENFÜGEN

Die Arme beidseitig an der 2. Rd in Creme des Körpers feststecken und mit dem Faden, der am Ende eines Arms verblieben ist, annähen. Hierzu den Faden in der Nähe der Oberseite des Arms durch den Körper ziehen und auf der gegenüberliegenden Seite an der Position des anderen Arms herausziehen. Dann den Faden durch diesen Arm fädeln und mittig oben am Arm herausziehen. Die Nadel dann mit 1 M Abstand in die andere Richtung in den Arm stechen und den Faden durch alle drei Häkelstücke führen, sodass die Nadel am Arm der gegenüberliegenden Seite austritt. Damit die Arme beweglich sind, muss im Abstand von 1 M in die Außenseite jedes Arms gestochen werden, wobei jedoch versucht werden sollte, die Nadel in die gleiche M an der Innenseite des Arms und am Körper einzustechen und herauszuziehen.

Mindestens 2-mal hin- und herarbeiten, um die Naht zu sichern. Die Spannung muss so hoch sein, dass die Arme fest am Körper anliegen, darf aber nicht zu hoch sein, da sonst der Oberkörper zusammengezogen wird. Den Faden gut vernähen und abschneiden.

Die Beine auf die gleiche Weise annähen. Dabei ihre Oberseite jeweils an Rd 24 des Körpers setzen.

Den Panzer mittig auf den Rücken des Körpers nähen. Die vorletzte Rd des Panzers bündig am Körper feststecken und rundherum festnähen.

EISCHALE

In Wollweiß: Spiralrunden häkeln.

Rd 1: 7 fM in 1 Fadenring, am Anfang 10 cm Faden lassen (7 M).

Rd 2: 7 Zun (14 M).

Rd 3: (1 fM, 1 Zun) × 7 (21 M).

Rd 4: (1 Zun, 2 fM) × 7 (28 M).

Rd 5: (3 fM, 1 Zun, 3 fM) × 4 (32 M).

Rd 6: 32 fM (32 M).

Rd 7: (1 fM, 2 Lm, 1 Km in die 2. Masche von der Häkelnadel aus, 1 fM in die gleiche Masche der Rd 6, 1 M überspringen, 1 Km in die nächste, 1 Km) × 8 (32 M).

Den Faden auf einer Länge von 10 cm abschneiden. Die Fäden unter ein paar M unsichtbar vernähen und dann bündig abschneiden. Auf gleiche Weise auch mit dem Anfangsfaden verfahren.

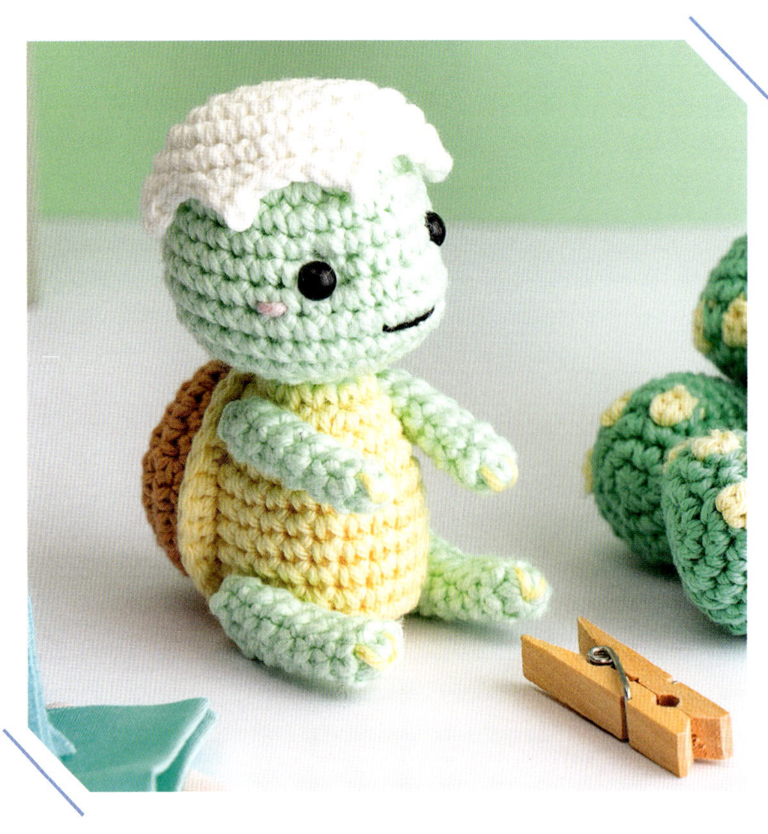

DANK

Ich bedanke mich bei Estelle Hamm, der weltbesten Lektorin, die mich während des gesamten Projekts – das uns ganz schön auf Trab gehalten hat – begleitet hat.
Von Herzen danke ich meinen Freundinnen Anne-Lise Canton und Valentine Destrade für ihre Unterstützung in einer Zeit voller Herausforderungen. Mädels, ich weiß nicht, ob ich es ohne euch geschafft hätte – danke!
Vielen Dank an meinen Mann und meinen Teenager, die wieder einmal meine Abwesenheit akzeptiert haben, in den Wochen, die ich mit der Häkelnadel in der Hand vor dem Computer verbracht habe. Und ich bedanke mich bei meiner Familie für ihr Verständnis dafür, dass ich für alles andere nicht verfügbar war.
Ich spreche all den Personen meinen Dank aus, die an diesem Buch mitgearbeitet haben und immer grandiose Arbeit leisten.
Vielen Dank an DMC für die wunderschönen Garne, die ich für dieses Buch testen und nutzen durfte.
Und danke an alle, die meine Modelle mit Liebe nachhäkeln. Dieses Buch ist mein neuntes Manuskript. Auch nach vier Jahren habe ich immer noch nicht ganz realisiert, wie glücklich ich mich schätzen kann, dass dies zu meinem Beruf geworden ist. Ich bin dankbar für diese Chance.

Bleiben Sie auf dem Laufenden und erhalten Sie exklusive Einblicke und Neuigkeiten von So Croch' hier:

www.socroch.fr
www.instagram.com/socroch
www.facebook.com/socroch
www.youtube.com/c/socroch

ISBN 978-3-8094-4934-8

1. Auflage

Die Originalausgabe erschien unter dem Titel *Adorables familles d'animaux*

Texte: Marie Clesse

Fotos: Fabrice Besse

Umschlaggestaltung: Atelier Versen, Bad Aibling
Redaktion und Producing: SAW Communications, Redaktionsbüro Dr. Sabine A. Werner, Dahn
Übersetzung: SAW Communications, Constanze Ravel
Satz: SAW Communications in Zusammenarbeit mit Anke Enders
Herstellung: Franziska Polenz
Projektleitung: Sibylle Lehmann

Druck und Bindung: Pixartprinting, Lavis
Printed in Italy

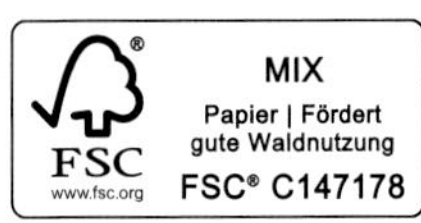

Penguin Random House Verlagsgruppe FSC® N001967